CATALOGUE DES LIVRES

DE FEU

M. DORTOUS DE MAIRAN,

l'un des Quarante de l'Académie Françoise, Membre
& ci-devant Secrétaire perpétuel de l'Académie
royale des Sciences; de la Société royale de Londres;
de celles d'Edimbourg & d'Upsal; de l'Académie
impériale de Pétersbourg, de l'Académie royale de
Stockolm, & de l'Institut de Bologne.

*Dont la Vente commencera Lundi 29 Juillet 1771, &
continuera les jours suivans depuis trois heures de
relevée jusqu'au soir, au Louvre.*

A PARIS,

Chez la Veuve BARROIS, & Fils, Quai des
Augustins.

————————

M DCC. LXXI.

CATALOGUE
DES LIVRES
DE FEU
M. DE MAIRAN.

THÉOLOGIE.

Ecriture-Sainte, Liturgies.

1 Biblia hebraica. *Amst.* 1635, *in-4. m. r.*
2 Evangelium fecund. Matthæum, hebr. *Parf.* 1551, *in 12.*
3 Vetus Teftam. gr. *Lond.* 1653, *2 vol. in-8.*
4 Pfalterium gr. *Antv.* 1584, *in-16.*
5 N. Teftam. gr. *Lut. Rob. Steph.* 1568, *in-16, m. r.*
6 Id. *Amst. Elzev.* 1670, *in-16.*
7 N. Teftam. gr. cum interpr. Theod. Bezæ. *Par. Steph.* 1565, *2 vol. in-8.*
8 Idem. gr. lat. 1598, *in-fol.*
9 N. Teftam. gr. cum verfione interl. *Geneva,* 1609, *in-8.*   A

10 Biblia, cum notis Vatabli. *Par. Rob. Steph.* 1545, *in-8.*

11 Biblia. *Lugd.* 1685, *in-8.*

12 Liber Genesis, cum figuris Crispini de Passe. *Arn'emii,* 1616, *in-4.*

13 Psalmi, Proverbia, Ecclesiastes, Canticum Canticorum. *Parisiis,* 1630, *in-12.*

14 La Sainte Bible, trad. par de Sacy. *Paris,* 1715, *3 vol. in-fol.*

15 La Sainte Bible trad. 1567, *in-8.*

16 La Sainte Bible trad. *Charenton,* 1652, 3 *vol. in-12. m. r.*

17 La Sainte Bible trad. *Genève,* 1678, *in-fol.*

18 Les Pseaumes trad. selon la vulgate. *Paris,* 1686, *in-12.*

19 N. Testam. trad. par Amelotte. *Paris,* 1685, *in-16.*

20 Figure del V. Test. *In Lione,* 1554, *in-8.*

21 H. Philippi Chronologiæ V. Testam. examen. *Coloniæ,* 2 *vol in-4.*

22 Huetius de situ Paradisi Terrestris. *Amstel.* 1698, *in-8.*

23 Dissertation sur le Vœu de Jephté, par Baer. (*Paris*), 1765, *in-12.*

24 Dissertation chronol. touchant l'année de la naissance de J. C. par le Noble. *Paris,* 1693, *in-12.*

25 Wittichii Dissertationes de humiliatione & exaltatione Christi. 1681, *in* 12.

26 F. Houbigant Prolegom. in Script. sacram. *Paris,* 1746, *in* 4.

27 Explication de l'ouvrage des six jours, par d'Asfeld *Bruxelles,* 1731, *in* 12.

28 Conjectures sur la Genese, par Astruc. *Par.* 1753, *in-12.*

29 J. J. Baur Tentamen exegefeos novæ Pfalmi XVI per Choros alternantes. *Lugd. Batav.* 1 59, *in-8.*

30 Analyfe des Epitres de faint Paul, par Mauduit. *Paris,* 1696, 2 *vol in-* 2.

31 Adriani Ifagoge facrarum Litterarum. gr. ed. D. Hoefchelio. *Aug. Vind.* 1602, *in-4.*

32 Introduction à l'Ecriture fainte, par le P. Lamy *Lyon,* 1693, *in* 12.

33 Drufii Annotationes in facram Script. *Lugd. Bat.* 1585, *in* 8.

34 Jo. Croii facræ & Hift. in N. fœdus obfervationes. *Geneva,* 1645, *in* 4.

35 Colomefii Obferv. facræ. *Amft.* 1679, *in* 12.

36 Rich. Simonis Difquifit. crit. de variis per diverfa loca Bibliorum editionibus. *Londini,* 1684, *in-4.*

37 Hiftoire critique du V. & du N. Teftam. par le même. 1680, 2 *vol. in-4.*

38 Voffius, de feptuag. Interpretibus. *Hagæ Comitum,* 1661, *in-4.*

39 Ouvertures des Secrets de l'Apocalypfe. *La Rochelle,* 1603, *in-8.*

40 Differtation fur l'étendue de l'ancienne Jérufalem, par d'Anville. *Paris,* 1747, *in-8.*

41 Car. Sigonii de Republica Hebræorum Libri. *Lugd. Bat.* 1701, *in* 4.

42 Joh. Henrici Hottingeri Cippi Hebraici. *Heidelbergæ* 1662, *in* 8.

43 Concordantiæ Bibliorum. *Lugd.* 1726, *in-4.*

44 Concordantiæ Nov. Teftam. græco lat. *Lut. Steph.* 1594, *in-fol.*

45 Dict. de la Bible, par Simon. *Lyon,* 1703, 2 *vol. in fol.*

46 Paforis Lexicon. *Geneva,* 1662, *in* 8.

47 Idem. *Amst. Elzev.* 1664, *in-16.*

48 Precationes Bibl. hebr. gr. & lat. *Paris,* 1554, *in-2*

49 Trésor de Prieres & Oraisons, par de Ferrieres. *aris,* 686, *in-12.*

50 Breviaire Romain, noté selon un nouveau syftême de chant. *Paris,* 727, *in-12.*

51 Ecclef. Belgicarum Chriftiana & Orthodoxæ Doctrina. *Lugd. Bat. Elzev.* 1648, *in-4 gr.*

Saints Peres, Théologiens.

52 Philon, trad. par P. Bellier. *Paris,* 1575, *in-fol.*

53 Philon, de la Vie contemplative, trad. par Montfaucon *Paris,* 1709, *in-12.*

54 Sancti Basilii Sermones de Moribus, græcè. *Paris,* 1556, *in 8.*

55 Ivonis Carnot. Epiftolæ & Chronicon de Regibus Francorum. *Paris,* 1584, *in 4.*

56 C. S. Sid. Apollinaris Opera ed. J. Savaro. *Parif* 1599, *in 4.*

57 Summa Theologica fancti Thomæ. *Parif.* 1539, *in-fol.*

58 Prémotion phyfique, par Bourfier. *Paris,* 1711, *in-4*

59 Réfutation de la Prémotion phyfique. *Paris,* 1714, *in-12.*

60 Réflexions fur la Prémotion phyfique, par Malebranche *Paris,* 1715, *in 12.*

61 Joan. Denize. Differt. de Concurfu & Præmotione phyf. *Parif.* 1702, *in 12.*

62 Burnet de ftatu Mortuorum. *Col. Cherufc.* 1733, *in 8.*

63 N. de Cufa Opera. *Bafilea,* 1565, *in-fol.*

THÉOLOGIE.

64 Traité des Abus de la Critique en matiere de Religion, par de Laubruſſel. *Paris*, 1710, *2 vol in-12*.

65 Exercices de Piété pour la Communion, par Griffet. *Paris*, 1748, *in-12*.

66 Les Provinciales par Paſcal. *Col.* 1669, *in-12*.

67 Les mêmes. *Cologne*, 1758, *in-12*.

68 Eædem, cum notis Wendrokii (P. Nicole.) *Colon.* 1679, *in-8*.

69 Réponſe aux mêmes, par Daniel. *Cologne*, 1696, *in-12*.

70 Extraits des Aſſertions. *Paris*, 1762, *in-4*.

71 Catéch. de Pamiers. *Toul.* 1672, *in-12*.

72 Sermons ſur l'Hiſtoire de la Réſurrection de J C. par Théod. de Beze. *Genev.* 1593, *in-8*.

73 Sermons ſur la vérité de la Religion Chrétienne. *Amſterd.* 1722, *in-12*.

74 Sermons de Maſſillon (petit Carême.). *Par.* 1745, *in-12*.

74* Panégyriques de Fléchier. *Par.* 1711, 2 *vol. in-12*.

75 Panégyriques des Saints . par l'Abbé Trublet. *Paris*, 1764, 2 vol. *in-12*.

76 Explication des Maximes des Saints, par de Fenelon. *Paris*, 1697, *in-12*.

77 La pieuſe Allouette avec ſon Tirelire. *Valencienne*, 1638, *in-8*.

78 Le Franc-Archer de la vraie Egliſe, par Ant. Fuſi. *Geneve*, 1619, *in-8*.

Théologiens Polémiques & Hétérodoxes.

78* Grotius de veritate Religionis Chriſtianæ. *Amſterd.* 1661, *in-12*.

79 Penſées de Paſcal ſur la Religion. *Lyon*, 1700, *in-12*.

80 P. D. Huetii Alnetanæ Quæstiones de Concordia Rationis & Fidei. *Par.* 1690, *in-4. m. r.*

81 Traité de la vérité de la Religion Chrétienne, par Abbadie. *Rouen,* 1700, *3 vol. in-12.*

82 Vérité évidente de la Religion Chrétienne, par le P. Lamy. *Paris,* 1694. *in-12.*

83 Lettres sur la Religion & la Métaphysique, par de Fenelon. *Paris,* 1718, *in-12.*

84 La Religion Chrétienne prouvée par les faits, par Houtteville. *Paris,* 1722, *in 4.*

85 Lettres de Fourmont & de Desfontaines contre le Livre de l'Abbé Houtteville. *Paris,* 1722, *2 vol. in-12.*

86 L'homme moral opposé à l'homme physique, par le P. Castel. *Touiouse,* 1756, *in 12.*

87 Témoignage du Sens intime, par de Lignac. *Auxerre,* 1760, *3 vol. in-12*

88 Dictionnaire Antiphilosophique. *Avignon,* 1767, *in 8.*

89 L'Oracle des nouveaux Philosophes, par Guyon. *Paris,* 1759, *in 8.*

90 Introduzzione allo studio della Religione da P. Gerdill. *In Torino,* 1755, *in 4.*

91 Recueil de Dissertations sur quelques Principes de Philosophie & de Religion, par le même. *Paris,* 1760, *in 12.*

92 Discours sur la Divinité de la Religion Chrétienne, par le même. *Turin,* 1769, *in 8.*

93 Exposition des Caracteres de la vraie Religion, par le même ; trad. par Delivoy. *Paris,* 1770, *in-12.*

94 L'Existence de Dieu démontrée par les merveilles de la Nature ; trad. de Nieuwentyt par Noguez. *Paris,* 1725, *in-4.*

95 Théologie physique & astronomique, ou

Démonſtration de l'Exiſtence de Dieu, par Guill. Derham; trad. de l'angl. *Rotterd.* 1726, 2 *vol. in-*8.

96 Théologie des Inſectes; trad. de Leſſer par Lyonnet. *Paris,* 1745, 2 *vol. in* 8. *fig.*

97 Expoſition de la Doctrine de l'Egliſe Catholique, par Boſſuet. *Paris,* 1686, *in-*12.

98 Réponſe à la même, par D. Noguier. 1673, *in-*12.

99 Perpétuité de la Foi touchant l'Euchariſtie, par Arnauld. *Paris,* 1666, *in-*12.

100 Réponſe à la Perpétuité de la Foi, par Claude. *Quevilly.* 1671, 3 *vol. in-*12.

101 Réponſe à la Perpétuité de la Foi. *Charenton,* 1688, *in-*4.

102 Réponſe au Livre du Cardinal du Perron ſur la Conférence de Fontainebleau, par du Pleſſis Mornay. *Saumur,* 1603, *in-*8

103 Calvini Inſtitutiones Religionis Chriſtianæ. *Genèva,* 1592, *in-*8.

104 Traité des Reliques, par Calvin. *Geneve,* 1601, *in-*16.

105 Petri Martyris Vermilii de utraque in Chriſto natura Dialogus. *Tiguri,* 1563., *in-*8.

106 De la vraie & fauſſe Religion touchant les vœux, par Pierre Viret. 1560, *in* 8.

107 Traité de l'Egliſe, par du Pleſſis Mornay. *Genève,* 1599, *in-*8.

108 Bouclier de la Foi, par du Moulin. *Charenton,* 1618, *in-*8.

109 Du Juge des Controverſes, par du Moulin. *Geneve,* 1630, *in-*8.

110 Examen de la Doctrine d'Amyrautt & Teſtard, par P. du Moulin. *Amſt.* 1638, *in* 12.

111 De l'Inſtitution & Uſage du Sacrement de

l'Euchariſtie en l'Egliſe ancienne, par du Pleſſis Mornay. *Genève*, 1599. *in* 8.

112 De la Communion à Jeſus-Chriſt au Sacrement de l'Euchariſtie, par Jean Meſtrezat. *Sé-
dan*, 1625, *in-12.*

113 Edm. Albertinus de Euchariſtiâ. *Daventriæ*,
1655, *in-fol.*

114 Jonſtoni de Communione vet. Eccleſiæ Syn-
tagma. *Amſtelodami*, 1658, *in-12.*

115 Hiſtoire de l'Euchariſtie, par Larroque. *Am-
ſterdam*, 1671, *in* 8.

116 Traité de la S. Cêne, par Lortie. 1675, *in* 12.

117 Dallæus de uſu Patrum. *Gen.* 1655, *in* 4.

118 Ejuſdem Apologia pro Eccleſiis reformatis.
Amſtelodami, 1652, *in* 12.

119 Politique du Clergé de France, par Jurieu.
La Haye, 1681, *in* 12.

119* Réponſe, par Brueis *Paris*, 1686, *in-12.*

120 L'Eſprit d'Arnaud, par Jurieu. *Deventer*,
1684, 2 *vol. in* 12.

121 Préſervatif contre le changement de Religion, par le même. 1681, *in-12.*

122 Eraſmus de ſanciendâ Eccleſiæ concordiâ.
Lugduni Batav. 1642, *in* 12.

123 De l'Union & Réconciliation des Egliſes
évangéliques, par Hotton. *Amſt.* 647, *in* 8.

124 Avis aux Réfugiés, par Larroque. *Paris*,
1692. *in-12.*

125 Rép. à l'Avis aux Réfugiés. *Par.* 1692, *in* 12.

126 Commentaire philoſophique, par Bayle.
Rotterdam, 1713, 2 *vol. in* 12.

127 B. Picteti Theologia chriſtiana. *Genevæ*,
1696, *in-8.*

128 Tela ignea Satanæ, ed. Chriſt. Wageinſelio.
Altdorfi, 1681, 2 *vol. in-4.*

129 Mohammedis Alcoranus, ex verf. Maraccii, ed. Chrift. Reineccio. *Lipfiæ,* 1721, *in-8.*

JURISPRUDENCE.

Droit Canonique, Civil, &c.

130 Gutherius de veteri Jure Pontificio. *Parif.* 1612, *in-4.*

131 Sam. Petiti Diatriba de jure, Principum edictis, Ecclefiæ quæfito. *Amftel.* 1649, *in-12.*

132 D. Blondelli Pfeudo-Ifidorus & Turrianus vapulantes. *Geneva,* 1628, *in-4.*

133 Traité des Bénéfices, par P. Sarpi. *Amfterd.* 1699, *in-12.*

134 Com. de Pithou fur les Libertés de l'Eglife Gallicane. *Paris,* 1652, *in-4.*

135 Expofition de la Doctrine de l'Eglife Galli- cane, par du Marfais. *Paris,* 1757, *in-12.*

136 Traité de l'Autorité des Rois touchant l'ad- miniftration de l'Eglife, par Talon (Le Vayer de Boutigny). *Amfterdam,* 1700, *in-8.*

137 Le même. *Paris,* 1753, *in-12.*

138 De l'Autorité du Roi touchant l'âge nécef- faire à la profeffion religieufe, par le même. *Paris,* 1669, *in-12.*

139 Principes fur la diftinction des deux Puiffan- ces, par la Borde. 1753, *in-12.*

140 Ricardi Cumberland de Legibus Naturæ Difquifitio philof. *Lubecæ,* 1683, *in-8.*

141 Hug. Grotii de Jure Belli ac Pacis Libri. *Parifiis,* 1625, *in-4.*

142 De l'Efprit des Loix, par de Montefquieu. *Geneve,* 2 vol. *in-4.*

143 Recueil de Pieces pour & contre l'Esprit des Loix. *in-12.*

144 Droit public de l'Europe, par de Mably. *Paris*, 1746, 2 *vol. in-12.*

145 Des Principes de négociations, par le même. *Paris*, 1757, *in-12.*

146 Corpus Juris civilis, cum notis Gothofredi. *Genevæ*, 1624, *in-fol.*

147 Justiniani Institutiones. *Amstel.* 1625, *in-16.*

148 Eædem. *Lugduni Batav.* 1670, *in-12.*

149 Grotii florum Sparsio ad Jus Justinianeum. *Amstelodami*, 1643, *in-12.*

150 Theophili Institutionum Libri gr. & lat. ed. Fabrotto. *Parisiis*, 1638, *in-4.*

151 Hotomanni Commentarii in Instituta. *Lugduni*, 1567, *in-fol.*

152 Codex Theodosianus. *Parif.* 1598, *in-fol.*

153 Ant. Augustini emendationum Juris civilis Libri. *Lugduni*, 1691, *in-12.*

154 Jac. Labitti, Ant. Augustini & Wolf. Fremonii Indices Juris. 1585, *in-8.*

155 Traité des Peines & Amendes, par Jean Duret. *Lyon*, 1566, *in-8.*

156 Jo. Millæi Boii Praxis Criminalis. *Parisiis*, 1541, *in-fol. fig. C. M.*

157 Les Ordonnances Royaux depuis S. Louis jusqu'à François Premier. *Paris*, 1544, *in-fol.*

158 Recueil de Réglements sur les Manufactures. *Paris, Imp. Roy.* 1730, 4 *vol. in-4.*

159 Institution au Droit François, par Argou. *Paris*, 1730, 2 *vol. in-12.*

160 Dictionnaire de Droit & de Pratique, par de Ferriere. *Paris*, 1762, 2 *vol. in-4.*

161 Le Parfait Notaire, par de Ferriere, augm. par de Visme. *Paris*, 1752, 2 *vol. in-4.*

162 Faits des Caufes Célebres, par de Garfault.
Paris, 1757, in-12.
163 Recueil de Factums. in-fol.
164 Expofition du Plan du Roi de Pruffe pour la
réform. de la Juftice, par Formey. 1748, in-12.

SCIENCES ET ARTS.

HISTOIRE DE LA PHILOSOPHIE ET DES PHILOSOPHES.

165 Tho. Stanleii Hiftoria Philofophiæ, ex angl.
translata à Joan. Clerico. Lipfiæ, 1711,
in-4.
166 Abrah. Gravii Hiftoria Philofophica. Francofurti, 1674, in-8.
167 Jacob. Bruckeri Hiftoria critica Philofophiæ. Lipfiæ, 1742, 5 vol. in-4.
168 Hift. critique de la Philofophie, par Def-
landes. Amfterdam, 1737, 3 vol. in-8. G. P.
169 Hiftoire de la Philofophie payenne, par de
Burigny. La Haye, 1724, 2 vol. in-12.
170 La même, fous le titre de Théologie payenne,
nouv. édit. Paris, 1754, 2 vol. in-12.
171 Réflexions du P. Rapin fur la Philofophie
ancienne & moderne. Paris, 1676, in-12.
172 Traité des Syftêmes, par M. de Condillac.
Paris, 1749, in-12.
173 Plutarchus de Placitis Philofophorum, gr
& lat. ex interp. & cum notis Edv. Corfini
Florentiæ, 1750, in-4.
174 Hiftoire des Philofophes modernes, par Saverien. Paris, 1761, 7 vol. in-12.
175 Steph. Chauvini Lexicon Philofophicum.
Leovardiæ, 1713, in-fol.

Philosophes Anciens.

176 Confucius Sinarum Philosophus, five Scientia Sinenfis, ftud. Couplet. *Par.* 1687, *in-fol.*

177 Bulfingeri fpecimen Doctrinæ vet. Sinarum Moralis & Politicæ è Confucio. *Francofurti.* 1724, *in-8.*

178 Le Chou-king, Livre facré des Chinois, recueilli par Confucius, trad. par Gaubil, & revu par M. de Guignes. *Par.* 1770, *in-4. fig.*

179 Aurea Pythagoreorum Carmina, gr. & lat. ex verf. Theod. Marcilii. *Lutet.* 1585. *in-12.*

180 Iamblichus de Myfteriis, lat. *Lug luni*, 1577, *in-18.*

181 Idem, gr. & lat. ex verf. & cum notis Thom. Gale. *Oxonii*, 1678, *in-fol.*

182 Epicuri Philofophia, ftud. Petri Gaffendi. *Lugd.* 1649, 3 *vol. in-fol.*

183 Platonis Opera, gr. lat. ex verf. Marfilii Ficini. *Lugd.* 1590, *in-fol.*

184 Les mêmes, trad. avec des remarques, par Dacier. *Paris*, 1701, 2 *vol. in-12.*

185 Le Banquet de Platon, trad. par Racine. *Paris*, 1732, *in-12.*

186 La République de Platon, trad. par Grou. *Paris*, 1762, 2 *vol. in-12.*

187 Æfchinis Socratici Dialogi, gr. lat. cum notis J. Clerici. *Amftel.* 1711, *in-8.*

188 Traité de Porphire, touchant l'abftinence de la chair des animaux, trad. avec la vie de Plotin, par de Burigny. *Paris*, 1747, *in-12.*

189 Ariftotelis Opera, gr. lat. *Genevæ*, 1607, 2 *vol. in-8.*

190 Eadem, gr. lat. ex verf. Guill. Duval. *Parif. Typ. Regiis*, 1629, 2 *vol. in-fol.*

191 Eadem, lat. *Lugd.* 1603, 8 *vol. in*-16.

192 Jo. Launoii de varia Aristotelis in Acad. Par. fortuna. *Parif.* 1662, *in* 8.

193 Idem. n. edit. aucta. *Vitteb.* 1720, *in*-8.

194 Aristotelis & Theophrasti Metaphysica. *Par.* 1515, *in-fol.*

195 R. P. Antonii Comm. in libr. Aristotelis de Anima. *Lugd.* 1613, *in* 8.

196 Aristotelis Organum ex recens. Pacii. *Franc.* 1597, *in*-4. *gr. lat.*

197 Ambrosii & Suarez Annotata in Organum Aristot. 2 *vol. in*-4. *mf.*

198 Catellus de Mundi creatione juxta Arist. *Patavii*, 1585, *in* 4.

199 Parallele des Principes de la Physique d'Aristote & de Descartes, par le P. le Bossu. *Paris*, 1674, *in*-12.

200 Petri Barbay Comm. in Aristotelis Moralem. *Parif.* 1596, *in* 12.

201 Les Politiques d'Aristote, trad. par Louis le Roy dit Regius. *Paris*, 1599, *in-fol.*

202 Aristotelis peri Hermenias Liber, cum paraphrasi Mich. Pselli. *Venetiis*, 1541, *in-fol.*

203 Pet. Barbay, in universam Aristotelis Philosoph. Introd. *Parif.* 1684, *in*-12.

204 Cl. Berigardi Circulus Pisanus de veteri & peripatetica Philosophia. *Utini*, 1643, *in* 4.

205 Sexti Empirici Opera, ex vers. Henr. Steph. ed. Alb. Fabricio. *Lipfiæ*, 1718, *in-fol. gr. lat.*

206 Les Hypotyposes, ou Institutions Pyrrhoniennes de Sextus Empiricus, trad. avec des notes. 1725, *in* 12.

207 L. Annæi Senecæ Opera, ed. Erafmo. *Bafil.* 1515, *in-fol.*

208 Eadem, ed. Lipsio. *Antv.* 1615, *in-fol.*

209 Eadem, cum notis Var. *Parif.* 1627, *in-fol.*
210 Eadem, ex emend. Lipfii. *Amft.* 1628, *in-16.*
211 Joh. Frid. Gronovii ad Senecas notæ. *Lugd. Bat.* 1649, *in-12.*

Philofophes Modernes.

212 Suifeth Calculationum Liber. *Papiæ per Francifcum Gyrardengum.* 1498, *in-fol. m. c.*
213 Idem === Victoris Trinchavelli Queftio de reactione juxta Ariftotelem. *Venetiis,* 1520, *in-fol.*
214 Franc. Baconis de Verulamio Opera. *Lond.* 1638, *in-fol.*
215 Ejufdem novum Organum. *Amfterd.* 1660, *in-12.*
216 Le même, trad. par de Golefer. *Paris,* 1632, *in-4.*
217 Franc. Baconis fcripta in naturali & univer-fali Philofophia. *Amft. Elʒev.* 1653, *in 12.*
228 Ejufdem Sylva Sylvarum, five Hift. Natur. *Amft. Elʒev.* 1661, *in-12.*
219 Effais de Politique & de Morale, par Bacon. *Par.* 1734, *in-12.*
220 L'Artifan de la Fortune, du même. *Paris,* 1669, *in-12.*
221 Franc. Baconis exemplum tractatus de Juf-titiâ univerfali. *Parif.* 1752, *in-12.*
222 Analyfe de la Philofophie & Vie de Bacon. *Paris,* 1755, 3 *vol. in-12.*
223 Chryfoft. Javelli Opera. *Lvgd.* 1580, 2 *vol. in-fol.*
224 Difcours de la Méthode de Defcartes, trad. *Paris,* 1668, *in-4.*
225 Remarques fur la même, par Poiffon. *Par.* 1671, *in 8.*

225 * Renati Defcartes Principia Philofophiæ. *Amſt.* 1644 , *in-4.*

226 Les mêmes , trad. *Par.* 1681 , *in-4. fig.*

227 Ren. Defcartes Meditationes. *Amſt.* 1642 , 3 *vol. in-16.*

227 * Les mêmes. *Paris ,* 1673 , *in-4.*

228 Les Paſſions de l'Ame , de Defcartes. *Par.* 1679 , *in-16.*

229 Cartefius de Homine. *Lugd. Bat.* 1661 , *in-4.*

230 Le même , trad. par Clerfellier. *Paris ,* 1677 , *in-4.*

231 R. Defcartes Opuſcula Phyſica & Mathematica. *Amſt.* 1701 , *in-4.*

232 Renati Defcartes Geometria ed. Schooten. *Amſt.* 1659 , 2 *vol. in-4.*

233 La même , trad. *Par.* 1705 ; *in-12.*

234 Commentaire fur la même , par Rabuel. *Lyon ,* 1730 , *in-4. fig.*

235 Ufage de l'Analyfe de Defcartes , par Paul de Gua de Malves. *Par.* 1740 , *in-12.*

236 R. Defcartes Muficæ Compendium. *Ultraj.* 1650 , *in-4.*

237 Traité de Méchanique , de Defcartes. *Par.* 1668 , *in-4.*

238 Lettres de Defcartes. *Par.* 1667 , 3 *vol. in-4.*

239 Traité de l'Efprit de l'Homme fuiv. les principes de Defcartes , par de la Forge. *Amſterd.* *in-12.*

240 Sentimens de Defcartes fur l'eſſence & la propriété des Corps , par le P. de Valois. *Par.* 1680 , *in-12.*

241 Jac. Revii Statera Philofophiæ Cartefianæ. *Lugd. Bat. in-12.*

242 D. Lipftorpii fpecimina Philofophiæ Cartefianæ. *Lugd. Bat.* 1653 , *in-4.*

243 Petri van Maſtricht novitatum Carteſiana-
rum Gangræna. *Amſt.* 1677, *in-4.*

244 Le Monde de Deſcartes. *Par.* 1664, *in-12.*

245 Voyage du Monde de Deſcartes, par le P.
Daniel 1700, 2 *vol. in-12.*

246 Recueil de Pieces concern. la Philoſophie
de Deſcartes. *Amſt.* 1684, *in-12.*

247 Mém. pour ſervir à l'Hiſt. du Cartéſianiſme.
Utrecht, 1693, *in-12.*

248 Huetii Cenſura Philoſophiæ Carteſianæ.
Paris, 1694, *in-12.*

249 Réponſe au même, par Regis. *in-12.*

250 De Stair Phyſiologia nova Experimentalis.
Lugd. Bat. 1686, *in-4. fig.*

251 La Vérité des Sciences contre les Scepti-
ques, par Merſenne. *Paris,* 1625, *in-8.*

252 Mor. Merſenni Cogitata Phyſico-Mathema-
tica. *Par.* 1644, 3 *vol. in-4.*

253 Dan. Berckringeri Inſtitutiones Œconó-
micæ. *Ultrajecti,* 1646, *in-12.*

254 Rod. de Arriaga Curſus Philoſophicus.
Lugd. 1669, *in fol.*

255 Ant. le Grand Inſtitutio Philoſophiæ ſec.
Carteſii Principia. *Lond.* 1680, 2 *vol. in 4.*

256 Petri Gaſſendi Opera. *Lugd.* 1658, 6 *tom.*
12 *vol. in fol.*

257 Abrégé de la Philoſophie de Gaſſendi, par
Bernier. *Lyon,* 1676, *in-12.*

258 Le même. *Lyon,* 1678, 8 *t. en* 6 *v. in-12.*

259 Doutes de Bernier ſur quelques chapitres
de ſon Abrégé. 1682, *in-12.*

260 Eman. Maignan Curſus Philoſophicus. *Lugd.*
1673, *in-fol.*

261 Jo. Claubergii Opera Philoſophica, curâ
Schalbrunchii. *Amſtelodami,* 1691, 2 *v. in-4.*

262 Systême de Philosophie, par P. Silvain Regis. *Amst.* 1691, 3 *vol. in-*4.

263 Réflexions sur le Systême de Regis, par J. du Hamel. *Paris,* 1692, *in-*12.

264 Usage de la raison & de la foi, par Regis. *Paris,* 1704, *in-*4.

265 Réfutation du Systême de Spinosa, par le P. Lamy. *Paris,* 1696, *in-*12.

266 Réfutation du Systême réproductif. *Vannes,* 1713, *in-*12.

268 Jo. Bapt. du Hamel Philosophia vetus & nova. *Parisiis,* 1684, 2 *vol. in-*4.

269 Ejusdem Philosophia universalis. *Parisiis,* 1705, 5 *vol. in* 12.

270 Ejusdem de consensu veteris & novæ Philosophiæ Libri. *Parisiis,* 1663, *in-*4.

271 Goth. Guill. Leibnitii & Joh. Bernoulli Commercium Philosophicum & Mathematicum. *Lausannæ,* 1745, 2 *vol. in-*4.

272 Philosophie moderne, par Delelevel. *Toulouse,* 1698, 2 *vol. in-*12.

273 Duhan Philosophus in utramque partem. *Parisiis,* 1730, *in-*12.

274 Joann. Clerici Opera Philosophica. *Amst.* 1722, 4 *vol. in-*12.

275 Cours de Philosophie par aphorismes, par le Sage. *Geneve,* 1718, *in-*12.

276 Lud. Phil. Thummigii Institutiones Philosophiæ Wolfianæ. *Francofurti,* 1729, 2 *vol. in-*8.

277 Benedicti Stay Philosophiæ recensioris versibus traditæ Libri. *Romæ,* 1747, *in-*8.

278 Iidem, cum notis & addit. Rog. Jos. Boscovich. *Romæ,* 1755, 2 *vol. in-*8.

279 La Logique, la Méthaphysique & la Physi-

que expérimentale, par Cochet. *Paris,* 1757,
3 *vol. in-*12.

280 Grammaire des Sciences philof. traduite de
l'anglois de Martin, par de Puifieux. *Paris,*
1749, *in-*8. *fig.*

281 Gabr. Cramer Oratio de utilitate Philofophiæ. *Geneva,* 1750, *in-*4.

282 Allamand Oratio de vero Philofopho. *Lugd.
Bat.* 1749, *in-*4.

Logique , Morale , Politique.

284 M. Clem. Timpleri Logicæ Syftema. *Hanoviæ,* 1612, *in* 8.

285 Logique de P. R. *Lyon,* 1675, *in-*12.

286 Scipio Claromontius de conjectandis cujufq.
moribus & latitantibus animi affectibus. *Venetiis,* 1615, *in-*4.

287 Traité des premieres vérités & de la fource
de nos jugemens, par le P. Buffier. *Paris,*
1724, 2 *vol. in-*12.

288 Jacobi Bernoulli Ars conjectandi. *Bafilea,*
1713, *in* 4.

289 Chrift. Wolfii Logica. *Francof.* 1728, *in-*4.
mar. cit.

290 Logique de Wolf. *Berlin,* 1740, *in-*12.

291 Logique de Croufaz. *Amfterd.* 1720, 3 *vol.
in-*12.

292 La même. *Laufanne,* 1741, 6 *vol. in-*12.

293 Abregé de la même. *Laufanne,* 1735, *in-*12.

294 Gabr. Cramer Thefes Logicæ de inductione.
Geneva, 1753 *in-*4.

295 Logique du P. Regnaud. *Par.* 1742, *in-*12.

296 Amadei de la Rive Logica. *Gen.* 1756, *in-*8.

297 La Logique, par Jurain. *Par.* 1765, *in-*12.

298 Theophrasti Characteres Ethici , gr. lat. ed.
If. Casaubono. *Lugduni* , 1593 , *in-12.*

299 Les Caracteres de Théophraste , avec les Caracteres de la Bruyere. *Paris* , 1699 , *in-12.*

300 Epicteti Enchiridion , græcè & latinè. *Parisiis* , 1653 . *in-12.*

301 Idem., gr. & lat. ex recenf. Abr. Berkelii. *Lugd. Batav.* 1670 , *in-8.*

302 Difcours fur Epictete. 1760 , *in-12.*

302* Traduction de divers morceaux des Œuvres morales de Plutarque, par Lambert. *Par.* 1763 , *in 12.*

303 Marci Antonini de feipfo & ad feipfum Libri , gr. & lat. ed. Merico Cafaubono. *Lond.* 1643 , *in-12.*

304 Réflexions morales de Marc Antonin , trad. avec des remarques par Mme Dacier. *Amfterd.* 1710 , *in-12.*

305 De la Sageffe , par Pierre Charron. *Bordeaux* , 1601 , *in 8.*

306 Confidérations fur la Sageffe de Charron , par Chanet. *Paris* , 1643 , *in 8.*

307 Petri Cally Tractatus de Homine. *Cadomi* , 1683 , *in-4.*

308 L'Art de connoître les hommes, par de la Chambre. *Paris* , 1660 , *in-4.*

309 De la Connoiffance de foi-même , par le P. Lamy. *Paris* , 1694 , 5 *vol. in-12. m. r.*

310. L'Art de fe connoître, par Abbadie. 1693. *in-12.*

311 Effais de morale , par Nicole. *Paris* , 1693 , 4 *vol. in-12.*

312 Entretiens fur un nouveau fyftême de morale , par l'Avocat. *Paris* , 1722 , *in-12.*

313 Fausseté des vertus humaines, par Esprit. *Paris*, 1678, 2 *vol. in-*12.

314 Le Spectateur, ou le Socrate moderne, trad. de l'anglois. *Amsterdam*, 1741, 6 *vol. in-*12.

315 Réflexions de la Rochefoucauld. *Paris*, 1665, *in-*12.

316 Système du cœur humain, par de Gamaches. *Paris*, 1708, *in-*12.

317 Œuvres de Mme de Lambert. *Lausanne*, 1748, *in-*12.

318. Avis d'une mere à son fils & à sa fille, par la même. *Paris* 1728, *in-*12.

319 Les mêmes. *Lond.* 1729, *in-*12. (en angl.).

320 Les Caracteres, par Madame de Puisieux. (*Paris*) 1750, *in-*12.

321 Petri Firmiani Sæculi Genius. *Parif.* 1659, *in-*12.

322 Nouveau Spectateur François. *La Haye*, 1725, 2 *vol. in-*12.

323 De la Sociabilité, par M. l'Abbé Pluquet. *Paris*, 1767, 2 *vol. in-*12.

324 Discours philosophiques sur l'Homme, par le P. Gerdil. *Turin*, 1769, *in-*8.

325 Traité de la Société civile, par le P. Buffier. (*Paris*) 1726, *in-*12.

326 Nouv. Traité de la Civilité parmi les honnêtes gens, par Courtin. *Paris*, 1682, 2 *vol. in-*12.

327 L'Homme universel, trad. de Gracian. *Par.* 1723, *in-*8.

328 Le Héros, trad. de Gracian. *Par.* 1725, *in* 8.

329 Le Frée Holder, ou l'Anglois jaloux de sa liberté. *Amst.* 1727, *in-*12.

330 La Fable des Abeilles, ou les Fripons deve-

rus honnêtes gens ; trad. de Mandeville. *Londres*, 1740, 4 *vol. in-12.*

331. Les Devoirs des Maîtres & des Domestiques, par Claude Fleury. *Paris*, 1688, *in-12.*

332 Considérations sur les Mœurs de ce siecle, par Duclos. (*Paris*), 1751, *in-12.*

333 Mémoires pour servir à l'Histoire des Mœurs du dix-huitieme Siecle, par Duclos. 1751, 2 *vol. in-12.*

334 Essais sur les Mœurs, par Sauret. *Bruxelles*, 1756, *in-12.*

335 Traité des Délits & des Peines, trad. de l'it. de Beccaria, par M. Morellet. 1766, *in-12.*

336 Caroli Paschalii Virtutes & Vitia. *Geneva*, 1620, *in-8.*

337 Caracteres des Passions, par de la Chambre. *Paris*, 1640, 4 *vol. in-4.*

338 Principes physiques de la Raison & des Passions, par Maubec. *Paris*, 1709, *in-12.*

339 Gabr. Cramer Disquisitio philosophica de erroribus qui ex animi motibus nasci solent. *Geneva*, 1740, *in-4.*

340 Traité de l'Amitié, par Sacy. *P.* 1703, *in-12.*

341 Réflexions sur l'Amitié, par Dupuy. *Paris*, 1728, *in-12.*

342 Lettre sur le Luxe. 1745, *in-8.*

343 Discours de la nature & des effets du Luxe, par le P. Gerdil. *Turin*, 1768, *in-8.*

344 Traité sur la Nourriture & Institution de la Jeunesse, par Fr. Parent *Par.* 1601, *in-8.*

345 De l'Education des Enfants, trad. de Locke par P. Coste. *Amst.* 1693, *in-12.*

346 Le même, augm. (*Trévoux.*) 1737, *in-12.*

347. Projet d'Education, par l'Abbé de Saint-Pierre. *Paris*, 1728, 2 *vol. in-12.*

349 Traité de l'Education des Enfants, par Crousaz. *La Haye*, 1722, 2 *vol in-12.*

350 Essai d'Education nationale, ou Plan d'Etudes, par de la Chalotais. 1763, *in-12.*

351 Lettres sur le meilleur moyen d'assurer le succès de l'Education. *Paris*, 1764, *in-12.*

352 Réflexions sur l'Education contre Rousseau, par Gerdil. *Turin*, 1763, *in-8.*

353 Plan d'Education publique, par l'Abbé Coyer. *Paris*, 1770, *in-12.*

354 Justi Lipsii Monita politica. *Par.* 1605, *in-8.*

355 Discours politiques de Mathiavel. *Leyden*, 1609, *in 8.*

356 Ant. Fabri Tractatus de regendâ Religione in Republicâ. *Francof.* 1665, *in 4.*

357 Pietra del Paragone politico da Traj. Boccalini. 1726, *in-12.*

358 Discours politiques de Priezac. *Par.* 1652, *in 4.*

359 Discours politiques de Hume, traduits de l'anglois. *Paris*, 1754, 2 *vol. in-12.*

360 Entretiens de Phocion sur le rapport de la morale avec la politique, par de Mably. (*Paris*), 1763, *in 12.*

361 Widdringtoni Appendix ad dissertationem de Juramento fidelitatis. 1616, *in-12.*

362 Essais d'Arithmétique politique, par Williams Pelly. *Londres*, 1669, *in-8.*

363 Hyac. Gerdil, Virtutem politicam ad optimum statum, non minus Regno, quam Reipublicæ, necessariam esse, Oratio. *Taurini*, 1750, *in-8.*

364 Essai philosophique sur le Gouvernement civil, par de Ramsay. *Lond.* 1721, *in-12.*

365 République de Bodin. *Geneve*, 1508, *in-8.*

366 Thomæ Mori Utopia. *Basil.* 1518, *in* 4.

367 Du Gouvernement civil, trad de l'angl. de Locke. *Geneve*, 1724, *in-*12.

368 Abrégé du projet de Paix perpétuelle, par de Saint-Pierre. *Rotterd.* 1729. *in-*12.

369 Dissertations sur le mot de Patrie & sur la nature du Peuple. *La Haye*, 1755, *in-*12.

370 Lettres sur l'Eprit de Patriotisme. *Londres*, 1750, *in-*8.

371 La Noblesse Militaire, par le Chev. d'Arcq. 1756, *in-*12.

372 Projet d'une Dixme royale, par de Vauban. 1707, *in-*4.

373 Le même. 1708, *in-*12.

374 Réflexions sur le même. 1716, *in-*12.

375 Projet de Taille tarifée, par de Saint-Pierre. *Rotterd.* 1737, *in-*12.

376 Le Magistrat parfait. *Paris*, 1632, *in-*8.

377 Instruction d'un Roi chrétien, par Jonas; trad. par Desmares. *Paris*, 1662, *in-*12.

378 Osorius de Regis Institutione & Disciplinâ. *Col.* 1674, *in-*8.

379 Desid. Erasmi Institutio Principis Christiani. *Lugd. Bat.* 1641, *in-*12.

380 Nicolai Machiavelli Princeps. *Franc.* 1622, *in-*12.

381 Examen du Prince de Machiavel, par de Voltaire. *Amst.* 1741, *in-*8.

382 Le Prince, de Fra Paolo. *Berl.* 1751, *in-*12.

383 Le Prince, de Balzac. *Paris*, 1632, *in-*8.

384 Maximes sur le devoir des Rois & le bon usage de leur autorité. 1754, *in-*12.

385 Vida de los Cortesanos. *Par.* 1614, *in-*12.

386 Traité de la Cour, par du Refuge. *Rouen*, 1631, *in-*8.

387 L'Homme de Cour, de Gracian, trad. par Amelot de la Houssaye. *Paris*, 1693, *in-8.*

388 Histoire du Commerce & de la Navigation des Anciens, par Huet. *Paris*, 1727, *in-12.*

389 Histoire du Commerce & de la Navigation des Anciens & Modernes, par le Ch. d'Arcq. *Paris*, 1758, 2 *vol. in-12.*

390 Dictionnaire universel du Commerce, & Supplément, par Savary. *Paris*, 1723, 1730, 3 *vol. in-fol.*

391 Prospectus d'un Dictionnaire de Commerce, par Morellet. *Paris*, 1769, *in-8.*

392 Secret du Système de Law. 1721, *in 12.*

393 Essai politique sur le Commerce, par Melon. *Amst.* 1733, *in-12.*

394 Le même, augm. (*Paris*), 1736, *in-12.*

395 Essai sur la Marine & le Commerce, par Deslandes. 1743, *in-8.*

396 Réflexions politiques sur les Finances & le Commerce, par Dutot. (*Paris*), 1738, 2 *vol. in-12.*

397 Remarques sur les avantages & les désavantages de la France & de la Grande Bretagne par rapport au Commerce. 1754, *in-12.*

398 Essai sur le rapport des poids étrangers avec le marc de France. *Paris, Impr. Roy.* 1766, *in 4.*

399 Essai sur les Monnoies, par Dupré de Saint-Maur. *Paris*, 1746, *in-4.*

400 Recherches sur la valeur des Monnoies, par le même. *Paris*, 1762, *in-12.*

MÉTAPHYSIQUE.

MÉTAPHYSIQUE.

401 Thomæ Campanelli Prodromus Philosophiæ instaurandæ. *Francof.* 1617, *in-4.*

402 Franc. Suarez Metaphysica. *Col.* 1614, *in-f.*

403 Traité de Métaphysique, démontré selon la méthode des Géometres. 1693, *in-12.*

404 Apologie de la Métaphysique contre l'Encyclopédie. *Amst.* (*Paris*) 1753, *in-12.*

405 Christoph. Wolfii Ontologia, *Francofurti*, 1736, *in-4.*

406 Joh. Jac. Koelhen Principia Metaphysicæ Wolfianæ. *Col. Allobr.* 1737, *in-12.*

407 Recherches philosophiq. sur la nécessité de s'assurer par soi-même de la vérité, sur la certitude de nos connoissances, & sur la nature des Etres, par Saint Hyacinthe. *La Haye*, 1743, *in-8.*

408 Traité sur les différens degrés de la certitude morale par rapport aux connoissances humaines, par Deslandes. *Paris*, 1750, *in-12.*

409 Démonstration de l'Existence de Dieu par de Fénelon. *Paris*, 1713, *in-12.*

410 De la Science qui est en Dieu, par Claude de Moriniere. *Paris*, 1718, *in-12.*

411 Bulfingeri Dilucidationes de Deo, Animâ humanâ. *Tubingæ*, 1725, *in-4.*

412 Car. Promoli de Existentiâ & Perfectionibus Dei Dissertatio. *Mediolani*, 1754, *in-12.*

413 Essais de Théodicée de Leibnitz. *Amsterd.* 1714, *in-12.*

414 Eadem, lat. *Francof.* 1719, *in-8.*

415 Osiandri Cogitationes de conversionibus corporum mundi ad Leibnitium. *Berolini*, 1747, *in-4.*

D

416 Recueil de diverses pieces sur la Philosophie de Leibnitz, publ. par Korlholt. *Hamb.*
1734, *in-12.*

417 King de Origine Mali. *Lond.* 1702, *in 8.*

418 Chrift. Wolfii de differentia nexus rerum.
Halæ Magdeb. 1737, *in-4.*

419 Examen du Fatalifme, par M. l'Abbé Pluquet. *Paris,* 1757, 3 *vol. in-12.*

420 H. Mori Enchiridion Metaphyficum. *Lond.*
1671, *in-4.*

421 Emm. Swedenborgi Prodromus Philofophiæ
de Infinito & caufa finali Creationis. *Drefdæ,*
1734, *in-12.*

422 Cl. Ptolomæi Tractatus de judicandi facul-
tate & animi principatu, gr. lat. ed. Bullialdo.
Parif. 1665, *in 4.*

423 Jo. Bapt. du Hamel de Mente humanâ, de
Corpore animato & de Corporum affectioni-
bus. *Paris,* 1670, 3 *vol. in-12.*

424 Th. Fieni de viribus imaginationis Tractatus. *Lond.* 1657, *in-12.*

425 Traité de l'Efprit de l'homme & de fes
fonctions, par Chanet. *Paris,* 1649, *in-8.*

426 Introduction à la connoiffance de l'Efprit
humain. *Paris,* 1746, *in-12.*

427 Petri van Muffchembroeck Oratio de Mente
humana. *Lugd. Bat.* 1740, *in-4.*

428 De l'Efprit humain, fubftance différente du
corps, active, libre, immortelle, par de
Croufaz. *Bafle,* 1751, *in-4.*

429 Effai philofophique fur l'Entendement humain, trad. de Locke, par Cofte. *Amfterd.*
1700, *in-4.*

430 Abrégé du même, par Boffet. *Genève,*
1738, *in-8.*

431 Dialogues d'Hylas & Philonous sur l'Entendement humain, par Berkeley. (*Paris*), 1750, *in-*12.

431 Pomponatii Mantuani Tractatus de Immortalitate Animæ. *in-*8.

432 Dialogues (de Dangeau & de Choify) sur l'Immortalité de l'Ame, &c. *Par.* 1684, *in-*12.

433 Apologie pour les mêmes. 1685, *in-*12.

434 Differtation sur l'Immatérialité de l'Ame, par Aftruc. *Paris*, 1755, *in-*12.

435 L'Immatérialité de l'Ame démontrée contre Locke, par le P. Gerdil. *Turin*, 1747, *in* 4.

436 Liberti Fromondi de Animâ Libri. *Lovanii*, 1649, *in-*4.

437 Syftême de l'Ame, par de la Chambre. *Par.* 1664, *in-*4.

438 Chrift. Wolfii Pfycologia rationalis. *Francofurti*, 1734, *in-*4.

439 Effai fur la nature de l'Ame, par Louis. *Paris*, 1747, *in-*12.

440 Lettre à un Matérialifte fur la nature de l'Ame, par de Lignac. *Paris*, 1753, *in-*12.

441 Effai analytique fur les facultés de l'Ame, par Ch. Bonnet. *Copenhague*, 1760, *in-*4.

442 Difcernement du Corps & de l'Ame, par de Cordemoy. *Paris*, 1665, *in-*12.

443 Le même. *Paris*, 1671, *in* 12.

444 De la Recherche de la Vérité, par Malebranche. *Paris*, 1678, 3 *vol. in-*12.

445 La même. *Paris*, 1712, 4 *vol. in-*12.

445 La même. *Paris*, 1712, *in-*4. G. P.

447 Critique de la Recherche de la Vérité, par Sim. Foucher. *Paris*, 1675, *in-*12.

448 Réponfe du même à la Recherche de la Vérité. *Paris*, 1676, *in-*12.

449 Differtation fur la Recherche de la Vérité, par Sim. Foucher. *Paris*, 1687, *in-12.*

450 Traité de la Nature & de la Grace, par le P. Malebranche. *Rotterdam*, 1703, *in-12.*

451 Des vraies & des fauffes Idées, par Antoine Arnauld. *Col.* 1683, *in-12.*

452 Rép. de Malebranche au Livre des vraies & fauffes Idées. *Rotterd.* 1685, *in-12.*

453 Défenfe d'Arnauld contre la Réponfe au Livre des vraies & fauffes Idées. *Cologne*, 1684, *in-12.*

454 Lettres de Malebranche contre la Défenfe d'Arnauld. *Rotterdam*, 1685, *in-12.*

455 Méditations chrétiennes & métaphyfiques, par Malebranche. *Lyon*, 1699, 2 *vol. iu-12.*

456 Entretiens fur la Métaphyfique & fur la Religion, par le même. *Paris*, 1703, 2 *vol. in-12.*

457 Converfations chrétiennes, par le même. *Paris*, 1702, *in-12.*

458 Traité de Morale, par le même. *Lyon*, 1707, 2 *vol. in-12.*

459 Entretiens d'un Philof. Chrét. & d'un Phil. Chinois fur l'exiftence & la nature de Dieu, par le même. *Paris*, 1708, *in-12.*

460 Recueil des Réponfes du P. Malebranche à M. Arnauld. *Paris*, 1709, 4 *vol. in-12.*

461 Differtation fur la Raifon infufe & fur les Idées innées, par Mirans. *Bruxelles*, 1743, *in-12.*

462 Pour les Idées innées contre la Thefe de M. l'Abbé de Brienne. *in-12.*

463 Collet Hift. Rationis. 1695, *in-12.*

464 Effai fur la Raifon, par de Kéránflech. *Rennes*, 1765, *in-12.*

465 Examen de Ingenios para las fciencias, por Huarte. *Antv.* 1603 , *in-*12.

466 Effai fur l'origine des connoiffances humaines, par M. de Condillac. (*Paris*), 1746, *in-*12.

467 Traité des Senfations, par le même. *Paris,* 1754, 2 *vol. in-*12.

468 De Naturâ Difquifitio. *Lond.* 1687 , *in-*12.

469 La Philofophie applicable à tous les objets de l'efprit & de la raifon, par Terraffon. *Par.* 1754, *in-*8.

470 La Philofophie du bon fens, par d'Argens. *La Haye,* 1746, 2 *vol. in-*12.

471 Ad. Heereboord Pneumatica. *Lugduni Bat.* 1659, *in-*12.

472 Henr. Corn. Agrippæ Operum pars poft. *Lugduni,* 2 *vol. in-*8.

473 Apologie des Grands Hommes accufés de magie, par G. Naudé. *Paris,* 1669 , *in-*12.

474 Hift. admirable de la poffeffion & converfion d'une Pénitente, par Sébaftien Michaelis. *Par.* 1614, *in-*8.

475 Le Comte de Gabalis, par l'Abbé de Villars. *Cologne,* 1693, 2 *vol. in-*12.

476 Hift. critique des pratiques fuperftitieufes, de le Brun. *Paris,* 1702, *in-*12.

477 Lettres qui découvrent l'illufion des Philofophes fur la Baguette, par le Brun. *Paris,* 1693, *in-*12. *fig.*

P H Y S I Q U E.

479 Nic. Blemmidæ Epitome phyfica, ed. Joh. Wregelino. *Augufta Vind.* 1505, *in-*8.

480 Philip. Melancthonis Initia Physicæ. *Franc.* 1550, *in* 8.

481 Cardani de subtilitate Libri. *Basilea,* 1554. === Ejudem de rerum varietate Libri. *Ibid.* 1557, *in fol.*

482 Scaliger de subtilitate in Cardanum. *Franc.* 1607, *in-8.*

483 D. Corn. Gemma de naturæ divinis characterismis. *Antverp.* 1575, *in-8.*

484 Keckermanni Disputationes Physicæ. *Hanov.* 1606, *in-8.*

485 Clement. Templeri Physica. *Hanov.* 1607, *in-8.*

486 Abra de Raconis Physica. *Par.* 1625, *in-8.*

487 Gaspar. Bartholini Enchiridion Physicum. *Argentina,* 1625, *in-12.*

488 Rod. Goclenii mirabilium naturæ Liber. *Francof.* 1625, *in-12.*

489 Gasp. Schotti Physica curiosa. *Herbipoli,* 1667, *2 vol. in-4.*

490 Guil. Lamy de principiis rerum Libri. *Par.* 1669, *in-12.*

491 Jo. B. Portæ Magia naturalis. *Lugd. Batav.* 1644, *in-12.*

492 La même, trad. *Paris,* 1570, *in-16.*

493 Fontanæ Cœlestium Terrestriumque rerum Observat. *Neapoli,* 1746, *in-4.*

494 G. G. Leibnitii Hypothesis Physica. *Lond.* 1671, *in-12.*

495 Traité de Physique, & Œuvres posthumes de Rohault. *Paris,* 1671, *2 vol. in-4.*

496 J. Rohaulti Physica, ex vers. & cum notis Sam. Clarke. *Londini,* 1718, *in-18. fig.*

497 Entretiens sur la Philosophie, par Rohault. *Paris,* 1671, *in-12.*

498 Honor. Fabri Phyſica. *Lugduni*, 1669, 4 vol. *in-4.*.

499 Ejudem, Dialogi Phyſici. *Lugduni*, 1669, *in-12.*

500 Eſſais de Phyſique, par Cl. Perrault. *Paris*, 1680, 4 *vol. in-12.*

501 Œuvres de Mariotte. *Leyd.* 1717, *in-4. fig.*

502 If. Newton Philoſophiæ naturalis Principia Mathematica. *Lond.* 1687, *in 4.*

503 Eadem. *Amſtel.* 1714. *in 4.*

504 Eadem. *Lond.* 1726, *in-4. c. m.*

505 Eadem, cum Comment Th. le Sueur & Fr. Jacquier. *Geneva*, 1739, 3 *vol. in-4.*

506 Les mêmes, trad. par Mme du Chaſtelet. *Paris*, 1759, 2 *vol. in-4. fig.*

507 If. Newton Liber de Syſtemate mundi. *Londini*, 1731, *in-4.*

508 Guil. Wiſton Prælectiones Phyſico-Mathematicæ. *Cantabr.* 1710, *in 8.*

509 Il Newtonianiſmo per le Dame, o vero Dialoghi ſopra la Luce e i Colori, dell' Algarotti. *In Napoli*, 1737, *in 4.*

510 Chroa-Geneſie, ou Génération des Couleurs contre le Syſtême de Newton, par Gautier. 1749, *in 12.*

511 Elémens de la Philoſophie de Newton, par de Voltaire. *Londres*, 1738, *in 8.*

512 Les mêmes. *Londres*, 1744, *in 12.*

513 Examen & Réfut. des Elémens de la Philoſophie de Newton, de Voltaire; par Jean Bannieres. *Paris*, 1739, *in 8.*

514 Examen de l'Examen de Bannieres, par le Ratz de Lanthenée. *Paris*, 1739, *in 8.*

515 Lettres du même à Voltaire, ſur ſa Réponſe aux Objections contre la Philoſophie de Newton. 1739, *in 8.*

516 Réflexions sur la Philosophie de Newton, par de Voltaire. 1738, *in* 12.

517 Institutions Newtoniennes, par Sigorgne. *Paris*, 1747, 2 *vol. in* 8.

518 Institutions de Physique, par Mme du Chaftelet. *Paris*, 1740, *in* 8. *fig.*

519 Le Systême de Physique de Newton, analysé avec celui de Descartes, par le P. Castel. *Paris*, 1743, *in* 4 *fig.*

520 Exposition des Découvertes Philosophiques de Newton, par Maclaurin. *Londres*, 1748, *in* 4. (*en anglois.*)

521 La même, trad. par la Virotte. *Par.* 1749, *in*-4. *m. r*

522 Saggio della Philosophia del If. Newton, trad. del' ingl. del Enr. Pemberton. *In Venez.* 1733, *in*-4.

523 Traité de paix entre Descartes & Newton, par Paulian. *Avignon* 1763, 3 *vol. in* 12.

525 Réfutation de la Défense des Newtoniens, par Gautier. *Paris*, 1752, *in*-12.

526 Recueil de Pieces de Leibnitz, Clark, & Newton. *Amst.* 1720, 2 *vol. in*-12.

527 Rob. Boyle Opera varia. *Geneva*, 1680, 6 *vol. in*-4.

528 Ejufdem Exercit. de utilitate Philosophiæ natur. & experimentalis. *Lindaviæ*, 1692, *in*4.

529 Franc. Bayle Institutiones Physicæ. *Tolofæ*, 1700, 4 *vol. in*-4.

530 Ejufdem Differtationes Physicæ. *Tolofæ*, 1677, *in*-12.

531 Difcours fur l'Expérience & la Raifon, par Bayle. *Paris*, 1675. ==Obfervations anat. fur plufieurs animaux au fortir de la machine pneumatique, par Guide. *Paris*, 1674, *in*-12.

532 Principes de Physique, par Hartsoeker. *Par.*
1696, *in-4.*

533 Conjectures physiques & Eclaircissemens,
par le même. *Amst.* 1706, *in-4. fig.*

534 Recueil de Pieces de Physique contre le systême de Newton, par le même. *Utrecht*, 1722,
in 12.

535 Cours de Physique, par le même. *La Haye,*
1730, *in-4.*

536 Gul. Muys Elementa Physices. *Amstel.* 1711,
in-4. fig.

537 Elémens de Méchanique & de Physique,
par Parent. *Paris*, 1700, *in-12. fig.*

538 Essais de Physique, par le même. *Par.* 1713,
3 *vol. in-12. fig.*

539 Joan. Keill Introductio ad veram Physicam.
Oxoniæ, 1715, *in-8.*

540 Jo. Keill Introductio ad Physicam & Astronomiam. *Lugd. Bat.* 1725, *in-4. fig.*

541 Geor. Erh. Hambergeri Elementa Physices.
Jenæ, 1727, *in-8. fig.*

542 Jo. Henr. Mulleri Collegium Experimentale. *Norimbergæ*, 1721, *in-4. fig.*

543 Her. Frid. Teichmeyeri Elementa Philosop.
natur. experimentalis. *Jenæ*, 1724, *in-4.*

544 Leçons Physico-Méchaniques, ou Abregé
du Cours de Philosophie de Desaguliers. *Lon-*
dres, 1717, *in-8.*

545 G. J. s'Gravesande Philosophiæ Newtonianæ
Institutiones. *Amstel.* 1728, *in-12. fig.*

546 Eædem. *Leid.* 1744, 2 *vol. in-12. fig.*

547 Introduction à la Philosop. cont. la Métaphysique & la Logique, par G. J. s'Gravesande.
Leide, 1737, *in-12.*

548 s'Gravefande Phyfices Elementa Mathematica. *Lugd. Bat.* 1720 , 3 *vol. in* 4.

549 Eadem. *Leidæ,* 1741 , 2 *vol. in-*4. *fig.*

550 Petri van Muffchenbroek Phyfica experimentalis & geometrica. *Lugd. Batav.* 1729, *in-*4. *fig.*

551 Saggi di naturali experienze del' Acad. del Cimento. *In Firenze*, 1666 , *in-fol.*

552 Tentamina experimentorum natur. Acad. del Cimento , ex verf. & cum comment. Muffchenbroek. *Lugd Bat.* 1731 , *in-*4. *fig.*

553 Pet. van Muffchenbroek Elementa Phyfiæ. *Lugd. Bat.* 1734 , *in-*8.

554 Eadem. *Lugd. Bat.* 1741. *in* 8.

555 Effais de Phyfique de Muffchenbroek , trad. par Maffuet. *Leyden,* 1739 , *in-*4. *fig.*

556 Les mêmes , revus par Muffchenbroek , & trad. par M. Sigaud de la Fond. *Paris,* 1769, 3 *vol. in-*4. *fig.*

557 Georg. Mathiæ Bofe Opera Phyfica & Aftronomica *Lipfiæ*, 1733 , 2 *vol. in-*4.

558 Georg. Bern. Bilfingeri Elementa Phyfices. *Lipfiæ,* 1742 , *in* 8. *fig.*

559 Telliamed , ou Entretiens fur la diminution de la Mer , la formation de la Terre , &c. par Maillet. (*Paris*) , 1748 , *in* 8.

560 Obfervations fur toutes les parties de la Phyque , par Bougeant. *Paris,* 1719 , 3 *vol. in* 12.

561 Origine ancienne de la Phyfique nouvelle, par le P Regnault. *Paris* , 1734 , 3 *vol. in* 12.

562 Entretiens Phyfiques , du même. *Par.* 1729, 3 *vol. in* 1 .. *fig*

563 Les mêmes. *Paris*, 1732 , 5 *vol. in* 12.

564 Les mêmes. *Paris,* 1755 , 5 *vol. in* 12.

565 Leçons de Physique, par J. Privat de Molieres. *Paris,* 1733, *in* 12. *fig.*

566 Les mêmes. *Paris,* 1734, 4 *vol. in* 12. *fig.*

567 Examen & réfutation des mêmes, par Sigorgne. *Paris,* 1741, *in* 12. *fig.*

568 Réponse de Molieres à Sigorgne. *Paris,* 1741, *in* 12.

569 Replique de Sigorgne. *Paris,* 1741, *in* 12.

570 Exercitationes subcæsivæ Francofurtenses. *Francof.* 1717, 2 *vol. in* 8.

571 Expériences de Physique, par Pierre Poliniere. *Paris,* 1718, *in* 12.

572 Les mêmes. *Paris,* 1734, 2 *vol. in* 12.

573 Programme d'un Cours de Physique, par Nollet. *Paris,* 1738, *in* 12.

574 Leçons de Physique expérimentale, par le même. *Paris,* 1743, 6 *vol. in* 12.

575 L'Art des expériences, par le même. *Paris,* 1770, 3 *vol. in* 12.

576 Cours de Physique, par le Sage. *Geneve,* 1732, *in* 12.

577 Recueil de différens Traités de Physique & d'Histoire natur. par Deslandes. *Paris,* 1736, *in* 12. *fig.*

578 Le même. *Paris,* 1748. 2 *vol. in* 12.

579 Essais de Physique, par de Chesaux. *Paris,* 1743, *in* 12.

580 Fr. Burgersdicii Collegium Physicum. *Lugd. Bat.* 1642, *in* 12.

581 Georg. Wolffg. Krafft Experimentorum physicorum Descriptio. *Petropoli,* 1738, *in* 8.

582 Jo. Poleni Institutionum Philosophiæ experimentalis Specimen. *Patavii,* 1741, *in* 4.

583 Essais de Physique, par le Ratz de Lanthenée. *Paris,* 1751, *in* 12.

584 Krafftii Opuscula Physica. *Tubingæ*, 1750, *in* 4.

585 Principes physiques, par le P. Bertier. *Par.* 1764, 3 *vol. in* 12.

586 Physique des corps animés, par le même. *Par.* 1755, *in* 12.

587 Explication phyf. des fens & des idées, trad. de Hartley par Jurin. *Reims*, 1755, 2 *vol. in* 12.

588 Dictionnaire de Physique, par le P. Paulian. *Avignon*, 1758, *in* 8.

589 Le même. *Avignon*, 1767, 2 *vol. in* 8.

590 Dict. de Physique, par le P. Paulian. *Avig.* 1761, 3 *vol. in* 4.

591 Joh. Petri de Crofa de Physicæ utilitate Differtatio. *Groningæ*, 1727, *in* 12.

Traités de l'Univers, du Ciel, &c.

592 Ocellus Lucanus de naturâ Universi, gr. lat. cum interpret. & notis Car. Em. Vizzanii. *Amftelod.* 1661, *in-4.*

593 Hortensii de rerum Universitate divinæ Institutiones. *Romæ*, 1594, *in-4.*

594 Nic. Taurellus de rerum Æternitate. *Marpurgi*, 1604, *in-8.*

595 Jo. Kepleri Harmonices mundi Libri. *Lincii*, 1619. === Ejufdem Myfterium cofmographicum, cum Apologiâ. *Francof.* 1621, *in fol.*

596 Galilæi Dialogus de Syftemate mundi. *Lugduni*, 1641, *in* 4.

597 Galilæi Syftema Cofmicum. *Lond.* 1631, *in* 8.

598 Ifm. Bullialdi Differtationes de vero Syftemate mundi. *Amftel.* 1689, *in* 4.

599 Ath. Kircheri Iter extaticum cœlefte, ed. Schotto. *Herbipoli*, 1660, *in* 4.

600 Ant. Mizaldi Æsculapii & Uraniæ Conjugium medicum & astronomicum. *Lugduni,* 1550, *in* 4.

601 Système Flaminien touchant la Cosmographie, ou Composition de la nature, par Flamant. *Paris,* 1704, *in* 8.

602 Christ. Wolfii Cosmologia generalis. *Franc.* 1737, *in* 4.

603 Essai de Cosmologie, par de Maupertuis. 1751, *in* 8.

604 Origine de l'Univers, par Esteve. 1748, *in* 12.

605 Nouv. Vues sur le Système de l'Univers, par de Pontbriant. *Par.* 1751, *in* 8.

605* Astronomie Physique, par Petit. *Paris,* 1729, *in* 12.

606 Astronomie Physique, par de Gamaches. *Par.* 1740, *in* 4. *fig.*

607 La Nature expliquée par le raisonnement & par l'expérience, par Denyse. *Paris,* 1719, *in* 12. *fig.*

608 Ant. Deusingii de vero Systemate mundi Dissertatio. *Amstel.* 1643, *in* 8.

609 Ant. Deusingii de mundi Opificio Discursus. *Groningæ,* 1648, *in* 4.

610 Jac. Hermanni Phoronomia, sive de viribus & motibus corporum fluidorum & solidorum Libri. *Amstel.* 1716, *in* 4. *fig.*

611 Dan. Bernoulli Hydrodinamica de viribus & motibus fluidorum. *Argent.* 1638, *in* 4.

612 Nic. Stenonis de solido intrà solidum naturaliter contento Prodromus. *Lugdun. Batavor.* 1679, *in* 16.

613 Aristarchus Samius de mundi Systemate, ed. de Roberval. *Parif.* 1644, *in* 12.

614 Syftême du monde, felon les trois Hypo-
thefes, par Gadroys. *Par.* 1675, *in* 12.

615 Entretiens fur la pluralité des mondes, par
de Fontenelle. *Par.* 1698, *in* 12.

616 Les mêmes. *Paris,* 1724, *in* 12.

617 Traité de la Pluralité des Mondes, par Hu-
ghens. *Paris,* 1702, *iu* 12.

618 Henr. Hertenfteinii Differtatio mathematica
fiftens fimilitudinem inter Terram & Planetas.
Argentorati, 1732, *in* 4.

619 Joan. Bapt. Morini nova mundi fublunaris
Anatomia. *Parifiis,* 1619, *in* 8.

620 Le Monde dans la Lune, par de la Montagne. *Rouen,* 1656, *iu* 8.

621 Guill. Gilberti de mundo noftro fublunari
Philofophia. *Amft.* 1651, *in* 4.

622 Œuvres de Céfar d'Arcons. *Paris,* 1667,
*in-*4.

623 Nouveau Syftême du monde conforme à
l'Ecriture-Sainte, par Séb. le Clerc. *Paris,*
1706, *in-*8.

624 Difcours Phyfiq. fur le Chaos, la Création
du monde, le Déluge, fes caufes & fes effets,
& fur la Fin du monde, par Ray. *Lond.* 1732,
*in-*8. (*en anglois.*)

625 Traité Phyfique du monde, par Mallement
de Meffange. *Paris,* 1679, *in-*12.

626 Le Monde, ou Hiftoire dogmatique de
l'Univers. *Cologne,* 1740, *in* 12.

627 Recherches fur différents points importants
du Syftême du monde, par M. d'Alembert.
Par. 1754.══Recherches fur la Préceffion des
Equinoxes & fur la nutation de la Terre, par
le même. *Paris,* 1749, 3 *vol. in-*4.

628 Magini Confutatio Diatribæ Jof. Scaligeri

de Æquinoctiorum Preceffione. *Romæ*, 1617, *in-4.*

630 Hiftoire du Ciel, par Pluche. *Paris*, 1739, 2 *vol. in-*12.

631 Joh. Cafp. Funccii Liber de coloribus Cœli. *Ulmæ*, 1716, *in-*8.

Traités fur l'Homme, *les Animaux.*

632 Hyer. Rorarii quod Animalia bruta ratione utantur melius Homine Libri. *Amft.* 1666, *in-*12.

633 Traité de la Connoiffance des Animaux, par de la Chambre. *Paris*, 1648, *in-*4 *m. r.*

634 Difcours de l'amitié & de la haine qui fe trouvent entre les Animaux, par le même. *Paris*, 1667, *in* 8.

635 Traité de l'Ame & de la Connoiffance des Bêtes, par Dilly. *Amft.* 1691, *in-*12.

636 Explication méchan. & phyfiq. des fonctions de l'Ame fenfitive, par G. Lamy. *Par.* 1677, *in-*12.

638 Traité des Animaux, par M. de Condillac. *Paris*, 1755, *in-*12.

639 Amufemement philof. fur le Langage des Bêtes, par Bougeant. *Paris*, 1739, *in-*12.

640 Difcours phyfique de la Parole. *Paris*, 1668, *in-*12.

641 Jo. Cour. Amman Differtatio de Loquela. *Amft.* 1700, *in-*12.

Traités sur les Elémens, les Météores.

642 Meſſahalæ de Elementis & Orbibus cœleſti-
bus Liber, ed. Joach. Hellero. *Norimbergæ,*
1549, *in-*4.

643 Cleomedis Meteora, gr. & lat. ed. Rob.
Balforeo. *Burdigalæ,* 1605, *in-*4.

644 Jo. Bap. du Hamel de Meteoris & Foſſilibus
Libri. *Pariſiis,* 1660, *in-*4.

645 G. Contareni de Elementis Libri. *Lugd. Bat.*
1633, *in-*12.

646 Lud. a Ripa Miſcellanea de Meteoris. *Ve-*
netiis, 1725, *in-*4. *c. m.*

647 Théorie des Vents, par Bernard Annely.
Londres, 1728, *in-*8. (*en anglois.*)

648 Réflexions ſur la cauſe des Vents, par M.
d'Alembert. *Paris,* 1747, *in-*4.

549 Conjectures phyſiques ſur des colonnes de
nue, par le P. Fr. Lami. *Par.* 1679, *in-*12.

650 Thom. Bartholini de Nive Obſervationes.
Hafniæ, 1661, *in-*8.

651 Kepplerus de Nive ſexangula. *Franc.* 1611,
*in-*4.

652 Lettres de Fatio de Duillier ſur une Lumiere céleſte qui paroît depuis quelques années. *Amſt.* 1686, *in-*12.

653 Camerarii Ephemerides Meteorologicæ Tu-
bingenſes, cum Ramazini Ephemeridibus
Barometricis Mutinenſibus. *Aug. Vind.* 1696,
*in-*4.

654 Jac. Barth. Beccarii de quam plurimis Phoſ-
phoris nunc primum detectis, Commentarius.
Bononiæ, 1744, *in-*4.

655 Sopra il turbine del' anno 1749, Diſſertat.
del Aug. Giu. Boſchovich. *Romæ,* 1749, *in-*8.

656 Obfervations & Conjectures fur l'Iris, par de la Chambre. *Paris*, 1662, *in-4*.

667 C. Noceti de Iride & Aurora boreali Carmina. *Romæ*, 1747, *in-4*.

658 Le medefime, trad. in verfo tofcano del P. Ant. Ambrogi. *In Firenze*, 1755, *in-8*.

659 Difcorfo fopra l'Aurora boreali di Mucio Muciano. *In Verona*, *in-4*.

660 Traité phyf. & hiftor. de l'Aurore boréale, par M. de Mairan. *Par. Impr. R.* 1731, *in-4*.

661 Le même. *Amft.* 1735, *in-12*.

662 Le même, augm. *Par. Imp. R.* 1754, *in-4*.

663 Differtation fur le Feu boréal, par Maculon. *Paris*, 1733, *in-8*.

664 Gottlieb Sam. Treveri de vera caufa Luminis borealis Differtatio. *Göttingæ*, 1736, *in-4*.

665 Jo. Boecleri de Aurora boreale Differtatio. *Argent.* 1736, *in-4*.

666 Eufeb. Sguarii Differtazione fopra le Aurore boreali. *In Venezia*, 1738, *in-4*.

667 Jo. Henr. Winkleri Conjectura de vi Electrica vaporum folarium in Lumine boreali. *Lipfiæ*, 1763, *in-4*.

668 Andreæ Celfii Obfervationes de Lumine boreali, ab an. 1716 ad an. 1732, in Suecia habitæ. *Norimbergæ*, 1733, *in-4*.

669 Defcrizzione di una Aurora boreali obfervata le dei Decembre 1737. *In-4*.

670 Jof. M. Serantoni Dialogho intorno alle cagione dell' Aurora boreali vedutafi le die 16 Decembre 1737. *In Lucca*, 1737, *in-4*.

671 Offervazione dell' Aurora boreali del die 3 Febraio 1750, de Leon. Ximenes. *In-8*.

672 Frobefii nova & antiqua Luminis atque Auroræ borealis Spectacula. *Helmft.* 1739, *in-4*.

Traités sur l'Air, le Vuide.

673 Chrift. Wolfii Aerometriæ Elementa. *Lipfiæ*, 1709, *in-12.*

674 Car. Taglini Libri de Aere *Florentiæ*, 1736, *in-4.*

675 Lettere filofofica del Carlo Taglini. *In Fir.* 1747, *in-4.*

676 Obfervations touchant le Vuide, par Petit. *Paris*, 1647, *in-8.*

677 Ottonis de Guerike Experimenta de Vacuo. *Amft.* 1672, *in-fol.*

678 Jo. Bapt. Morini Differtatio de Atomis & Vacuo. *Parif.* 1650, *in-4.*

679 Ode fur le Vuide. 1738, *in-12.*

680 Maniere de rendre l'Air vifible, & Expériences fur l'air, par P. M. d'Element. *Paris*, 1719, *in-12.*

681 Defcription du Ventilateur, par Hales; trad. de l'anglois par P. Demours. *Par.* 1747, *in-12.*

682 Jac. Bernoulli Differtatio de gravitate Ætheris. *Amftel.* 1683, *in-12.*

683 Georg. Sinclari Dialogorum de vera Aeris Gravitate Libri. *Roterodami*, 1669, *in-4.*

684 Pauli Frifii Differtationes phyficæ de naturâ & motu Aetheris, de Gravitate corporum, & de Præceffione Æquinoctiorum, &c. *Lucæ*, 1759, 3 *vol. in-4.*

685 Jo. Poleni de Vorticibus cœleftibus Dialogus. *Patavi*, 1712, *in 4.*

686 Théorie des Tourbillons Cartéfiens, par de Fontenelle. *Paris*, 1752, *in 12.*

687 Principes du Syftême des petits Tourbillons, par L. C. de Launay. *Paris*, 1743, *in-12.*

688 L'Hypothese des petits Tourbillons justi-
fiée, par Keranflech. *Rennes*, 1761, *in-12*.

689 Differtations fur l'incompatibilité de l'At-
traction & de fes différentes loix avec les Phénomenes, & fur les Tuyaux capillaires, par
le P. Gerdil. *Paris*, 1754 *in-12*.

690 Jac. Jurin Differtatione phyfico-mathematicæ de Tubis capillaribus. *Lond.* 1732, *in-8*.

691 Effai fur une Méthode de rendre les Aréo-
metres comparables, par le Ratz de Lanthenée. 1749, *in-12*.

692 Penfées de Galilée fur le mouvement naturel & violent. *Paris*, 1639, *in 8*.

693 Moufnorii Tractatus de Motu locali. *Lugd.*
1646, *in-4*.

694 Joh. Wallis de Motu Tractatus. *Londini*,
1670, *in-4. fig.*

695 Traité du Mouvement local & du Reffort,
par Dechales. *Lyon*, 1787, *in-12*.

696 Syftême du Mouvement, par Gamaches.
Paris, 1721, *in-12*.

697 Effai fur le Mouvement, par Croufaz.
Groningue, 1726, *in-12*.

698 Nouvelle Théorie du Mouvement, par de
Vivens. *Londres*, 1749, *in-12*.

699 Jo. Bapt. Baliani de Motu naturali gravium folidorum & liquidorum. *Genuæ*, 1646,
in-4.

700 Traité de Dynamique, par M. d'Alembert.
Paris, 1743, *in-4. fig.*

701 Le même. *Paris*, 1758, *in-4*.

702 Traité de l'Equilibre & du Mouvement des
Fluides, par le même. *Paris*, 1744, *in-4*.

703 Effai d'une nouvelle Théorie de la réfiftance
des Fluides, par le même. *Par.* 1752, *in-4*.

704 Traité de Méchanique & de Dynamique ; par M. Bossut. *Charleville.* 1763 , *in* 8.

Traités sur le Flux & le Reflux de la Mer.

705 Fed. Delphini de Fluxu & Refluxu Maris Disputatio. *Venet.* 1559. == Petri Apiani Instrumentum primi Mobilis : Gebri Astronomicorum Libri. *Norim.* 1534. Barthol. Delpino, Tractatus de Strigibus & de præeminentiâ sacræ Theologiæ , 1523 , *Goth.* == Orontii Finei de Mundi Sphærâ Libri : rectarum in circuli quadrante subtensarum Demonstratio. *Parif.* 1542. == Georg. Peurbachii Tractatus super Præpositiones Ptolomæi de Sinubus & Chordis. *Norimb.* 1541. ==Alberti de Saxoniâ Quæstiones in Libros de Cœlo & Mundo. *Venetiis* , 1492 , *in-fol.*

706 Jac. le Royer Causa Fluxûs & Refluxûs Maris , Ventorum , &c. *Parisiis* , 1660, *in* 12.

707 Theod. Moreti Tractatus physico-mathematicus de Æstu Maris. *Antv.* 1665 , *in* 4.

708 Traité des causes du Flux & du Reflux de la Mer , par Scalberge. *Chatres* , 1680 , *in* 4.

709 Lettre de Castelet contre les Principes de Descartes sur le Flux & Reflux de la Mer. ==Réponse de Gadroys. *Par.* 1677 , *in* 4.

710 Jo. Frid. Bachstrohm nova Æstûs Marini Theoria. *Lugd. Bat.* 1734 , *in* 12.

711 Explication du Flux & Reflux de la Mer, par de Brancas. *Paris* , 1749 , *in* 4.

712 Le. Ximenes Dissertatio de Maris Æstu , ac præsertim de viribus Lunæ Solisque Mare moventibus. *Flor.* 1755 , *in* 4.

Traités sur le Mouvement de la Terre.

713 Jo. Bapt. Morini problematis de Telluris
motu vel quiete Solutio. *Parif.* 1631 , *in* 4.

714 Al. Roffæi Commentum de Terræ motu cir-
culari. *Londini* , 1634 , *in* 4.

715 Jac. Grandamici Demonftratio immobilita-
tis Terræ petita ex virtute magneticâ. *Flexiæ* ,
1645 , *in* 4.

716 Traité du mouvement diurne de la Terre
fuivant le fyftême de Copernic. *Paris* , 1745 ,
in 12.

717 Théorie des mouvemens de la Terre & de
la Lune , par Grante d'Iverk. *Par.* 1740, *in* 12.

718 Trattato della grandezza dell' Aqua & della
Terra di Agoft. Michaele. *In Venetia*, 1583 ,
in 4.

719 Willebrordi de Snellii Eraftothenes Batavus de Terræ ambitûs verâ quantitate. *Lugd.
Bat.* 1617 , *in* 4.

720 Eifonfchmidii Diatribe de figurâ Telluris
Elliptico-Sphæroïde. *Argentor.* 1691 , *in* 4.

721 Propofition d'une mefure de la Terre , par
d'Auville. *Paris* , 1735 , *in* 12.

722 Traité de la grandeur & figure de la Terre ,
par Caffini. *Amft.* 1733 , *in* 12.

723 Figure de la Terre , par Maupertuis , &c.
Paris , 1738 , *in* 8. *fig.*

724 Théorie de la figure de la Terre , par Clairaut. *Paris*, 1743 , *in* 8.

725 Difcours fur la figure de la Terre , par J.
Alex. Grant. *Tournay* , 1748 , *in* 8.

726 Figure de la Terre , par Bouguer. *Paris* ,
1749 , *in* 4.

727 Juftification des Mémoires de l'Acad. des

Sci. de 1744 & du Livre de la figure de la Terre, par Bouguer. *Paris*, 1751, *in* 4.

728 De Obfervationibus pro figurâ Telluris de-terminandâ habitis, And. Celfii Difquifitio. *Up-faliæ*, *in* 4.

729 Réponfe à la même, par Caffini. *in* 8.

730 Examen des Ouvrages qui ont été faits pour déterminer la figure de la Terre. 1738, *in* 12.

731 Le même augm. 1741, *in* 8.

732 Degrés du Méridien entre Paris & Amiens, déterminés par la mefure de Picard & par les obferv. de Maupertuis, Clairaüt, Camus & le Monnier. *Par.* 1740, *in* 8.

733 Chrift. Maire & Rog. Jof. Bofcovich de Lit-terariâ expeditione per Pontificiam ditionem ad dimetiendos duos Meridiani gradus. *Romæ*, 1755, *in* 4.

734 Francifci Travagini de Terræ motibus Phy-fica Difquifitio. *Lugd. Bat.* 1669, *in* 4.

735 Relox Aftronomico de Tremblores de la Tierra defcubierto, por D. Juan de Barrene-chea. *en Lima*, 1725, *in fol.*

736 Confidérations fur la caufe phyfique des Tremblemens de Terre, par Halès. *Paris*, 1751, *in* 8.

737 Conjectures fur la propagation des fecouffes dans les Tremblemens de Terre, par Def-mareft. (*Paris*), 1756, *in* 12.

738 Mém. fur les Tremblemens de Terre, par Ifnard. *Paris*, 1758, *in* 12.

739 Giov. Gentili Offervazzioni fopra Terre mo-ti acaduti a Livorno. *In Firenze*, 1742, *in* 4.

740 Hiftoire des Tremblemens de Terre arrivés à Lima. *La Haye*, 1752, *in* 12. *fig.*

Traités sur l'Electricité.

741 Expériences Physico-Méchaniques, trad. de l'angl. de Hauskbée par Brémond. *Par.* 1754, 2 *vol. in* 12.

742 Experienze Fisico-Mechaniche sopra varii soggetti, trad. de Fr. Hauskbée. *In Firenze,* 1716, *in* 4. *fig.*

743 Essai sur l'Electricité des corps, par Nollet. *Paris,* 1746, *in-*12, *fig.*

744 Réponses de Nollet, sur la Critique de son Essai sur l'Electricité, & Replique par Morin. 1749, 2 *vol. in* 12.

745 Recherches sur les causes particulieres des Phénomenes électriques, par Nollet. *Paris,* 1749, *in-*12. *fig.*

746 Lettres sur l'Electricité, par le même. *Par.* 1753, 3 *vol. in-*12. *fig.*

747 Expériences & Observations sur l'Electricité, par Rob. Symmer. *in-*12.

748 Mémoires sur l'Electricité. *Paris,* 1746, *in-*8.

749 Jo. Jallabert Theses de Electricitate & Oratio de utilitate Philos. Experim. *Geneva,* 1747, *in-*4.

750 Expériences sur l'Electricité, par le même. *Genève,* 1748, *in-*8. *fig.*

751 Observations sur l'Electricité, par Louis. *Paris,* 1747, *in-*12.

752 Osservazioni fisico - mediche intorno alla Elettricita, da Gio. Giuf. Veratti. *In Bolog.* 1748, *in-*8.

753 Lettres sur l'Electricité médicale, par Pivati. *Paris,* 1750, *in* 12.

754 Traité de la Cause & des Phénomenes de

l'Électricité, par Boullanger. *Paris,* 1750, *in-8. fig.*

755 Lettore intorno un nuovo Fenomeno elettrico, di Giov. Fort. Bianchini 1753, *in-4.*

756 Giam. Bapt. Beccaria dell' Eletricifmo artificiale e naturale. *In Torino,* 1753, *in-4.*

757 Efperienze fopra la Elettricita, da Tom. Marini. *In Bologna,* 1753, *in-8.*

758 Jo. Alb. Euleri, Paul. Frifii, & Laur. Beraud, Differtationes de Caufâ electricâ. *Petr.* 1757, *in-8.*

759 Expériences & Obfervations fur l'Electricité, par Benj. Franklin; trad. de l'angl. par d'Alibard. *Paris,* 1752, *in-12.*

760 Les mêmes. *Paris,* 1756, 2 *vol. in-12. fig.*

761 Recherches fur les différens mouvemens de la Matiere électrique, par Dutour. *Paris,* 1760, *in-12. fig.*

762 Le Clavefﬁn électrique, par Delaborde. *Paris,* 1761, *in-12.*

HISTOIRE NATURELLE.

763 Caii Plinii Nat. Hift. Libri. *Lugd.* 1553, *in-fol.*

764 Iidem, cum interpretatione & notis Jo. Harduini, ad ufum. *Parif.* 1723, 3 *v. in-fol.*

765 Lettres de Crevier fur le Pline du P. Hardouin. *Paris,* 1725, *in-12.*

766 Tréfor de diverfes Leçons, par de Salazar. *Paris,* 1636, *in-8.*

767 La Phyfique, ou Science des chofes naturelles, par Dupleix. *Paris,* 1611, *in-12.*

768 Hift. Natur. di Ferrante Imperato. *Venetia,* 1672, *in-fol.*

769 Joh. Jonſton Thaumatographia naturalis. *Amſt.* 1661, *in-*12.

770 Jo. de Ræi Clavis Philoſophiæ naturalis, ſeu Introductio in naturæ contemplationem. *Lugd. Bat.* 1654. == H. Regii Philoſophia naturalis. *Ibid.* 1654. == Chriſt. Hugenius de Circuli magnitudine. *Ibid.* 1654, *in-*4.

771 Theod. Santvoortii de Principiis rerum naturalium Diſſertatio. *Lond.* 1713, *in-*4.

772 Jo. Steph. Keſtteri Phyſiologia experimentalis Kircheriana. *Amſtel.* 1680, *in-fol.*

773 De Voet Phyſiologia. *Amſt.* 1661, *in-*4.

774 Le Spectacle de la Nature, par Pluche. *Paris,* 1732 & *ſuiv.* 9 *vol. in-*12.

775 Diſcours d'Ambr. Paré. *Paris,* 1582, *in-*4.

776 Della Storia natur. marina dell' Adriatico del Vitaliano Donati. *Venez.* 1750, *in-*4.

777 Obſervations de Phyſique & d'Hiſt. natur. par de Secondat. *Paris,* 1750, *in-*12.

778 Hiſt. des Singularités natur. d'Angleterre, d'Ecoſſe & de Galles, par Childrei, trad. par P. Briot. *Paris,* 1667, *in-*12.

779 Hiſt. nat. du Sénégal, par Adanſon. *Paris,* 1757, *in-*4. *fig.*

780 Collection de différens morceaux ſur l'Hiſt. nat. du Nord, par de Keralio. *Paris,* 1763, *in-*12.

781 Dict. d'Hiſt. nat. par Valmont de Bomare. *Paris,* 1768, 4 *vol. in-*4.

782 J. J. Scheuchzer Bibliotheca Scriptorum Hiſtoriæ naturalis. *Tiguri,* 1716, *in-*8.

783 Burnetii Telluris Theoria ſacra. *Londini,* 1681, 2 *vol. in-*4.

784 Théorie de la Terre, par Whiſton. *Londres,* 1722, *in-*8. (*en angl.*)

G

785 Examen des Livres de Burnet & Whiston, par Keill, avec les notes de Maupertuis. *Lond.* 1734, *in-8. (en angl.)*

786 Joh. Woodwardi Specimen de Terrâ. *Tiguri.* 1704, *in* 8.

787 Géographie physique de Woodward, trad. par Noguez. *Paris*, 1735, *in* 4.

788 Horrebowii Telluris Theoria. *Hauniæ*, 1739, *in* 4.

789 Rilliet Specimen phyf. de Terræ ftructurâ. *Genevæ*, 1735, *in* 4.

790 Opufcoli Filofofici de Tom. Campailla. *In Palermo*, 1738, *in-4.*

791 Ath. Kircheri Mundus fubterraneus. *Amftel.* 1678, 2 *vol. in fol.*

792 Hift. phyfique de la Mer, par de Marfilli; *Amft.* 1725, *in fol fig.*

793 Joh. Joach. Becheri Phyfica fubterranea. *Francof.* 1681, *in* 8.

794 Cl. Daufquii Terra & Aqua, feu Terræ fluctuantes. *Par.* 1677, *in-4.*

795 Plutarchi Libellus de Fluviorum & Montium nominibus, ed. Mauffaco. *Tolofæ*, 1615, *in* 8.

796 Thom. Irtigii de Montium incendiis Lucubrationes. *Lipfiæ*, 167., *in* 8.

797 Joh. Herbinii Differtationes de mundi Cataractis. *Amftel.* 1678, *in-4.*

798 Petiti de natura Ignis & Lucis Exercitatio. *Par.* 1663. *in-4.*

799 Ifr. Conradi Differtatio medico-phyfica de Frigoris natura & effectibus. 1677, *in* 12.

800 Réflexions fur la fermentation & fur la nature du Feu, par Rouviere. *Paris*, 1708, *in-12.*

801 Méchanique du Feu, par Gauger. *Paris,* 1713, *in-*12.

802 Differtation fur la nature & la propagation du Feu, par Mme du Chaftelet. *Paris,* 1744. === Lettre de M. de Mairan à la même fur les Forces vives. 1740. === Réponfe de la même à M. de Mairan. *Bruxell.* 1741, *in-*8.

803 Differtations de Beaufobre fur la nature du Feu. *Paris,* 1755, *in-*12.

804 Delle fenfazioni del Calore & del Fredo, del P. Jac Belgrado. *In-fol. mf.*

804* Il medefimo. *In Parma,* 1764, *in-*4.

805 Differtation fur la Glace, par M. de Mairan, feconde édition. *Beziers,* 1717, *in* 8.

806 La même. *Paris,* 1729, *in-*12.

807 La même. *Paris, Imp. Roy.* 1749, *in-*12.

808 La même, trad. en allemand. 1752, *in-* 8.

809 Lettre de Combes à M. de Mairan, fur la formation de la Glace. *Paris,* 1750, *in-*12.

810 Rechercherches hift. & crit. fur les moyens de refroidir les Liqueurs. *Paris,* 1758, *in-*12.

811 Storia e Phenomeni del Vefuvio, del P. Mar. della Torre. *In Napoli,* 1755, *in-*4. *fig.*

812 La même, trad. par Peton. *Paris,* 1760, *in-*12.

813 Neapolitanæ Scientiarum Acad. de Vefuvii conftagiatione menfis Maii anni 1737 Commentarius. *Neapoli,* 1738, *in-*4. *fig.*

814 Racconto ftorico del Vefuvio, e particol. del eruzione di 25 Ottobre 1751, del Giu. Mar. Mecatti. *In Napoli,* 1752, *in* 4.

815 Incendio del Vefuvio accaduto le 19 d'Ottobre del 1767, defcritto del. P. della Torre. *In Napoli,* 1767, *in-*4.

G ij

816 Georgii Agricolæ de re Metallica Libri. *Baſilea*, 1657, *in-fol.*

817 Traité de l'Art Métallique, extrait d'Alfonze Barba. *Paris*, 1730, *in-12.*

818 La Platine, l'Or blanc, ou le huitieme Métal, par Morin. *Paris*, 1757, *in-12.*

819 Art de convertir le Fer forgé en Acier, & d'adoucir le Fer fondu, par de Réaumur. *Par.* 1722, *in-4. fig.*

820 Mémoire ſur le Laminage du plomb, par Rémond. *Paris*, 1746, *in-12.*

821 Mémoire ſur les ouvrages de fer & d'acier qui ſe fabriquent à Eſſone. *Paris*, 1753, *in-12.*

822 N. Fontaines filtrantes, par Amy. *Paris*, 1750, 2 *vol. in-12.*

823 Liaſſe de Pieces ſur les Fontaines filtrantes, par Amy, &c. *in-12.*

824 Georgii Agricolæ de Ortu & Cauſis ſubterraneorum Libri. *Baſilea*, 1546, *in fol.*

825 Minéralogie de Vallerius, trad. par le Baron d'Olbach. *Paris*, 1753; 2 *vol. in-8.*

826 Lettres ſur la formation des Sels & des Cryſtaux, par Bourguet. *Amſt.* 1729, *in-12.*

827 J. D. Dargenville Enumerationis foſſilium Tentamina. *Pariſ.* 1751, *in-8.*

828 Idées ſur la formation des Foſſiles. *Paris*, 1751, *in-12.*

629 Traité des Pierres, de Théophraſte, trad. *Paris*, 1754, *in-12.*

830 Obſervation ſur l'origine & la formation des Pierres figurées, par Barrere. *Par.* 1746, *in-8.*

831 Joh. Jac. Scheuchzeri Sciagraphia Lithologica a Klein aucta. *Gedani*, 1740, *in-4.*

832 Ans. Boetii de Boot Gemmarum & Lapidum Historia, ed. Adr. Tollio. *Lugd. Batav.* 1647, *in-8.*

833 Trad. d'un Article des Transf. philof. fur le Corail, par Peyffonel. (*Paris*), 1756, *in-12.*

834 Traité des Dragons & des Efcarboucles, par Pantot. *Lyon*, 1691, *in-12.*

835 Pyritologie, où Hift. natur. de la Pyrite, trad. de Henckel, par le Baron d'Olbach. *Par.* 1760, *in-4. fig.*

836 Lettre du Duc de Noya Caraffa, fur la Tourmaline. *Paris*, 1759, *in-4.*

837 Guil. Gilberti de Magnete, Magneticifque Corporibus Tractatus. *Lond.* 1600, *in-fol.*

838 Ath. Kircheri Magnes. *Romæ*, 1654, *in-f.*

839 Idem, de Magnete triplici. *Amftel.* 1667, *in-12.*

840 S. Ward Magnetis Reductorium. *Londini*, 1657, *in-12.*

841 Recueil d'Expériences fur l'Aiman. *Lyon*, 1686, *in-8.*

842 Traité de l'Aiman, par Dalencé. *Amfterd.* 1687, *in-12.*

843 Defcription de l'Aiman du clocher de Chartres, par L. de Vallemont. *Par.* 1692, *in-12.*

744 Traités fur les Aimans artificiels, trad. de l'angl. de J. Michell & J. Canton par le P. Rivoire. *Paris*, 1752, *in-12.*

845 Mémoires fur les Aimans artificiels, par Antheaulme. *Paris*, 1760, *in-12.*

846 Traité des Pétrifications, par Bourguet. *Paris*, 1742, *in-4. fig. g. pap.*

847 Gafp. Schotti Anatomia Fontium & Fluminum. *Herbipoli*, 1663, *in-8.*

848 Nouvelles Pensées sur les causes de la Lumiere, du débordement du Nil ; par de la Chambre. *Paris*, 1634, *in-4*.

849 Discours sur les causes du débordement du Nil ; par le même. *Paris*, 1665, *in-4*.

850 Dissertatione sopra Torrenti, di Jac. Bellogrado. *In 4. c. m.*

851 Art de trouver les Eaux cachées, par Besson. *Orléans*, 1569, *in-4*.

852 De l'origine des Fontaines, par P. Perrault. *Paris*, 1674, *in-12*.

853 De Thermis Herculanis nuper in Dacia detectis Paschalis Caryophili Dissertatio. *Vind.* 1737, *in fol.*

854 Nic. Vallerii Tentamina circa Aquas Aquigranenses. *Lugd. Batav.* 1699, *in-12.*

855 Bordeu Aquitaniæ minerales Aquæ. *Paris*, 1754, *in-4.*

856 Rei Rusticæ Scriptores. *Lugd. Griph.* 1548, *in 8.*

857 Maison Rustique. *in-4.*

858 Théâtre d'Agriculture, par de Serres. *Par.* 1600, *in-fol.*

759 Moyen de devenir riche, par Bernard de Palissy. *Paris*, 1836, *in-8.*

860 Delices de la Campagne. *Paris*, 1671, *in-12.*

861 Traité de la Conservation des Grains, par du Hamel du Monceau, & Supplém. *Paris*, 1753, 1765, 2 *vol. in-12.*

862 Recueil des Délibérations de la Société d'Agriculture de Paris, par Turbilly. *Paris*, 1761, *in-8.*

863 Mém. & Pratique des défrichemens, par le même. *Paris*, 1760, 2 *vol. in-12.*

864 Elémens d'Agriculture, par du Hamel du Monceau. *Paris,* 1762, 2 *vol. in-*12.

865 Réponse au Livre intitulé, Manuel d'Agriculture de M. de la Salle, par de la Marre. *Paris,* 1765, *in-*12.

866 Maniere de cultiver les Arbres fruitiers, par le Gendre. *Paris,* 1665, *in-*12.

867 Traité des Arbres & Arbustes qui se cultivent en pleine terre en France, par du Hamel du Monceau. *Paris,* 1755, 2 *vol. in-*4. *fig.*

868 Physique des Arbres, par le même. *Paris,* 1758, 2 *vol. in-*4. *fig.*

869 Des Semis & Plantations des Arbres, & de leur Culture, par le même. *Paris,* 1760, *in-*4. *fig.*

870 De l'Exploitation des Bois, par le même. *Paris,* 1764, *in-*4. *fig.*

871 Du Transport, de la Conservation & de la Force des Bois, par le même. *Paris,* 1767, *in-*4. *fig.*

872 Car. Linnæi Genera Plantarum. *Par.* 1743. === Ejusdem, Systema Naturæ. *Ibid.* 1744, *in-*8.

873 Car. Linnæi Philosophia Botanica. *Stokolm.* 1751, *in-*8.

874 Famille des Plantes, par Adanson. *Paris,* 1764, 2 *vol. in* 8.

875 Hon. Fabri Tractatus de Plantis, de Generatione Animal. & de Homine. *Par.* 1666, *in* 4.

876 Discours sur la structure des Plantes, par Séb. Vaillant. *Leyde,* 1718, *in* 4.

877 Anatomie des Plantes, trad. de Grew par le Vasseur. *Paris,* 1679, *in* 12.

878 Kenelmi Dygbæi Dissertatio de Plantarum vegetatione. *Amst.* 1669, *in* 12.

879 Discours sur le progrès de la Botanique ;
par Ant. de Jussieu. *Par.* 1718 , *in* 4.

880 Abregé de l'Hist. des Plantes usuelles, par
J. Bapt. Chomel. *Paris,* 1730, 3 *vol. in* 12.

881 Theophrasti Eresii Historia Plantarum, gr.
lat. ed. Dan. Heinsio. *Lugd. Bat.* 1613 , *in fol.*

882 Le Grant Herbier en françois. *Par. in fol. goth.*

883 Recueil de figures de Plantes & d'Animaux,
par de Garsault, avec l'explic. *Paris,* 1765,
6 *vol. in* 8.

884 Gasp. Bauhini Pinax Theatri Botanici. *Ba-*
silea, 1571 , *in* 4.

885 Fabii Columnæ Phytobasanos, cum Lynceo-
rum notitiâ. *Florentia,* 1744 ; *in* 4.

886 Mémoires pour servir à l'Hist. des Plantes,
par Dodart. *Paris, Impr. Roy.* 1676 , *in fol.*

887 Haller Historia Stirpium indigenarum Hel-
vetiæ. *Bernæ,* 1768, 2 *vol. in fol. fig.*

888 Jo. Jac. Scheuchzeri Herbarium Diluvia-
num. *Lugd. Bat.* 1723 , *in fol. fig.*

889 Observat. sur les Plantes , & leur analogie
avec les insectes, par Bazin. *Strasbourg,* 1741,
in 8.

890 Observations sur les Plantes, par Guettard.
Paris, 1747 , 2 *vol. in* 12.

891 Claudii Salmasii de Mannâ & Saccharo Comment. *Paris.* 1663 ; *in* 8.

892 Dissertations sur le Cacaoyer & le Caffeyer,
par Milhau. *Montpellier,* 1746 , *in* 8.

893 De la Croix Connubia Florum. *Parisiis,*
1728 , *in* 8.

894 Aristotelis Historia de Animalibus, cum annot. Scaligeri , ed. Maussaco. *Tolosæ,* 1619,
in fol. m. r.

895 Claudii Æliani de Animalium naturâ Libri,

ex

ex interp. P. Gillii & Gefneri. *Geneva*, 1611, *in* 12.

896 Iidem, gr. & lat. *Geneva*, 1616, *in* 16.

897 Borellus de motu Animalium. *Roma*, 1680, 2 *vol. in* 4. *fig.*

898 Hales Emaftatica, ofia ftatica degli Animali, trad. del P. de Sauvages. *Napoli*, 1750, 2 *vol. in* 8.

899 G. Martinii de fimilibus Animalibus, & de calore Animalium Libri. *Londini*, 1740, *in* 8.

900 Ulyffis Aldrovandi Opera (de Quadrupedi-bus Bifulcis & Solidipedibus, de Serpenti-bus, de Infectis). *Bononia*, 1621 *& feq.* 4 *vol. in fol.*

901 Mémoires pour fervir à l'Hiftoire des Ani-maux, par Perrault. *Paris*, *Impr. Royale*, 1676, *in fol.*

902 Henr. Ruyfch Theatrum Animalium. *Amft.* 1718, 2 *vol. in fol. fig.*

903 Obfervations de Klein fur la revue des Ani-maux, faite par Adam. *Paris*, 1754. ==Ordre naturel des Ourfins de mer & Fofliles, du même. *Paris*, 1754, *in* 8. *fig.*

904 Syftême du Regne Animal par claffes fuivant la méthode de Klein, par Desbois. *Paris*, 1754, 2 *vol. in* 8. *fig.*

905 Jo. Raii Synopfis methodica Anim. Quadru-pedum & Serpentini generis. *Lond.* 1693, *in* 8.

906 Franc. Redi Obfervationes de Animalculis vivis, quæ in corporibus Animalium vivorum reperiuntur. *Amft.* 1708, *in* 16. *fig.*

907 Petri Gillii Defcriptio nova Elephanti. 1614, *in* 12.

908 Jac. Theod. Klein Tentamen Herpetologiæ,

cum Comm. Unzeri de Tæniis. *Leidæ,* 1755, *in* 4. *fig.*

909 De Pfyllorum, Marforum & Ophiogenum adverfus Serpentes eorumque ictus virtute, *Lipfiæ,* 1745, *in* 4.

910 Nouv. Expériences fur la Vipere, par Charas. *Paris,* 1670, *in* 8. *fig.*

911 Petri Barrere Ornithologiæ Specimen novum. *Perpiniani,* 1745, *in* 4.

912 Marc. Malpighii Differtatio de Formatione Pulli in ovo. *Lond.* 1673, *in* 4.

913 Obfervations fur la Formation du Poulet, par Ant. Maître-Jan. *Paris,* 1722, *in* 12.

914 Art de faire éclore & d'élever des Oifeaux domeftiques, par de Réaumur. *Paris, Impr. Roy.* 1749, 2 *vol. in* 12.

915 Le même. *Paris, Impr. Roy.* 1751, 2 *vol. in* 12.

916 Hift. des Poiffons, trad. de Rondelet. *Lyon,* 1558, *in fol. fig.*

917 Jac. Theod Klein Defcriptiones Tubulorum marinorum. *Gedani,* 1731, *in* 4. *fig.*

918 Jac. Theod. Klein naturalis Difpofitio Echinodermatum, cum Differt. de Aculeis Echinorum marinorum. *Gedani,* 1734, *in* 4. *fig.*

919 Jac. Theod. Klein Tentamen methodi Oftracologicæ, five Difpofitio nat. Cochlidum & Concharum in claffes & genera. *Lugd. Batav.* 1753, *in* 4. *fig.*

920 Jac. Theod. Klein Hiftoria Pifcium naturalis, cum mantifsâ Ichthyologicâ de fono & auditu Pifcium.══Klein Summa dubiorum circa claffes Quadrupedum & Amphibiorum in Linnæi fyftemate. *Gedani,* 1740 & *feq.* 4 *vol. in* 4. *fig.*

921 Obfervazioni intorno alle Torpedini da Stefano Lorenzini. *In Firenze*, 1678, *in* 4

922 Ant. de Heyde Anatome Mytuli. *Amftelod.* 1684, *in* 8.

923 De Croftacei e d'altri marini corpi Libri, di Lazzaro Moro. *Venezia*, 1740, *in* 4.

924 Jo. Goedartii Metamorphofis & Hift. gener. Infectorum. *Medioburgi*, 3 *tom.* 2 *vol. in* 8. *fig.*

925 Hift. des Infectes, par Jean Swammerdam. *Utrecht*, 1682, *in* 4. *fig.*

926 Hift. des Infectes, par de Réaumur. *Paris*, *Imp. R.* 1734, 6 *vol. in* 4. *fig.*

927 Hiftoire des Infectes des environs de Paris, par Géoffroy. *Par.* 1762, 2 *vol. in* 4. *fig.*

928 Hift. natur. des Abeilles, par Bazin. *Paris*, 1744, 2 *vol. in* 12. *fig.*

929 Mar. Malpighii Differtatio de Bombyce. *Lond.* 1669, *in* 4. *fig.*

930 Lifter Exercitatio anatomica de Cochleis. *Londini*, 1694, *in* 8. *fig.*

931 Relazione del ritrovamento dell' Uova di Chiocciole. *In Bologna*, 1683, *in* 12.

932 Effai fur l'Hift. nat. du Polype Infecte ; trad. de Baker, par Demours. *Par.* 1744, *in* 8. *fig.*

933 Mem. pour fervir à l'Hift. d'un genre de Polypes d'eau douce, par Trembley. *Leide*, 1744, *in* 4. *fig.*

934 Les mêmes. *Paris*, 1744, 2 *vol. in* 8. *fig.*

935 Traité d'Infectologie, ou Obferv. fur les Pucerons, par Bonnet. *Par.* 1745, 2 *v. in* 8. *fig.*

936 Francifci Redi Experimenta circa generationem Infectorum. *Amft.* 1671, *in* 16. *fig.*

937 Obfervations fur la ftructure des yeux des Infectes & la trompe des Papillons, par Puget. *Lyon*, 1706, *in* 8.

H ij

938 L'Hist Natur. éclaircie dans deux parties ; la Lithologie & la Conchyliologie, par Dargenville. *Paris*, 1742, *in* 4. *fig.*

939 Martini Lister Exercitatio anat. de Buccinis fluvialibus & marinis : accedit Dissertatio medic. de variolis. *Lond.* 1695, *in* 8. *fig.*

940 Aug. Scilla de Corporibus marinis lapidescentibus, cum Dis. Fabii Columnæ de Glossopetris. *Roma*, 1747, *in* 4. *fig.*

941 Ant. van Leeuwenhoek Arcana naturæ detecta, & alia Opera. *Delphis*, 1695, 4 *vol. in* 4. *fig.*

942 Catal. Musei Swammerdamiani. 1679, *in* 8.

943 Hist. Naturelle générale & particuliere, avec la description du Cabinet du Roi, par MM. de Büffon & d'Aubenton. *Par. Impr. Roy.* 1749 *& suiv.* 15 *vol in* 4 *fig.*

944 Hist. des Oiseaux, par M. de Buffon. *Par. Impr. Roy.* 1770, *in* 4. *G. P.*

945 Lettres de Lignac sur l'Hist. Nat. de M. de Buffon *Hambourg* (*Par.*) 1751, 9 *vol. in* 12.

946 Réflexions sur le Systême de la génération de M. de Buffon, trad. de Haller. *Geneve*, 1751, *in* 12.

947 Catal. raisonné de coquilles, par Gersaint. *Paris*, 1736, *in* 12.

948 Cat. de Fonspertuis, par Gersaint. *Paris*, 1747, *in* 12.

949 Catalogue des Curiosités du Cabinet de M. Davila. *Paris*, 1767, 3 *vol. in* 8. *fig.*

MÉDECINE.

950 Barth. Castelli Lexicon Medicum. gr. lat. *Tolosa*, 1669, *in* 12.

951 Dict. de Médecine, trad. de l'angl. par M. Diderot. *Paris*, 1746, *6 vol. in fol.*

952 Hippocratis Coi Opera, gr. lat. ex interpr. Foesii. *Geneva*, 1657, *in fol.*

953 Hippocratis Aphorismi, gr. lat. *Lugd. Bat.* 1627, *in* 12.

954 Les mêmes, expliqués par de Vaux. *Paris*, 1726, *2 vol. in* 12.

955 De la Chambre nova Methodus pro explanandis Hippocrate & Aristotele. *P.* 1655, *in* 4.

956 J. A. Magini Comm. in Galenum de diebus decretoriis. *in* 4.

957 Jo. Loniceri Erotemata in Galenum de usu partium corporis humani. *Francof.* 1550, *in* 8.

958 Aur. Corn. Celsus de Medecinâ, ed. Almeloveen. *Amst.* 1713, *in* 12.

959 Jo. Bapt. Morgagni in Celsum & Serenum Epistolæ. *Patavii*, 1750, *in* 8.

960 Theophylacti Quæstiones Physicæ, gr. ed. Vulcanio. *Lugd. Bat.* 1597. === Psellus in quatuor Mathematicas disciplinas, gr. *Par.* 1545. === Adamantii Physiognomica. *Par.* 1540, *in* 12.

961 Jac. Primerosii Enchiridion Medicum. *Amst.* 1654, *in* 12.

962 Georg. Baglivi Opera Medica & Anatomica. *Lugd.* 1714, *in* 4.

963 Dom. Gulielmini Opera, ed. Morgagni. *Geneva*, 1719, *2 vol. in* 4. *fig.*

964 Her. Boerrhaave Institutiones Medicæ. *Par.* 1722, *in* 12.

965 Archibaldi Piciarnii Opuscula Medica. *Roterd.* 1714. === Ejusdem Elementa Medicinæ Physico-Mathematicæ. *Hag. Com.* 1718, *in* 4.

966 Ramazini Opera Medica & Physica. *Lond.* 1717, *in* 4. *fig.*

967 Jo. Fr. Favelet Animadver. in de Villers Medicas Inftitutiones. *Lovan.* 1735, *in-4.*

968 Rich. Mead Opera, ed. Lorry. *Par.* 1751, *in-8. fig.*

969 Eſſais de Médecine, par G. Martine. *Lond.* 1740, *in 8.* (*en angl.*)

970 G. Fr. Sigwart Pantometrum eruditionis Medico-Chirurgicæ. *Pariſ.* 1752, *in-4.*

971 Idée de l'Homme phyſique & moral, par de la Caſe. *Paris,* 1755, 2 *vol. in-12.*

972 Schola Salernitana, ex rec. Zach. Sylvii. *Rotterd.* 1657, *in-12.*

973 Eadem, cum notis Ren. Moreau. *Pariſ.* 1672, *in-8.*

974 Sanctorius de Medicinâ ſtaticâ, cum annot. Matt. Liſter. *Lond.* 1716, *in-12.*

975 Moyens faciles pour conſerver la ſanté, par Domergue. *Paris,* 1689, *in-12.*

976 De la Sobriété & de ſes avantages, trad. du latin de Cornaro. *Paris,* 1701, *in-12.*

977 Anti Cornaro. *Paris,* 1702, *in-12.*

978 G. Cheynæi de infirmorum ſanitate tuendâ vitâque producendâ Tractatus. *Lond.* 1726, *in-8.*

979 Obſervations ſur la Sobriété, par l'Abbé de Saint-Pierre. *Paris,* 1735, *in-12.*

980 Lettres ſur l'Art de conſerver la ſanté & de prolonger la vie. *Paris,* 1738, *in-12.*

981 De la Santé, par Jacquin. *Paris,* 1763, *in-12.*

982 Avis au Peuple ſur ſa ſanté, par Tiſſot. *Paris,* 1767, *in-12.*

983 Jo. Argenteri de Somno & Vigilia Libri. *Florent.* 1556, *in-4.*

984 Wolffg. Wedelii Diæta Litteratorum. *Erfurti,*

1704. == Jo. Georg. Kulnii Oneirologia. *Lipsiæ,* 1703. == G. Alb. Hambergeri Tractatus de Frigore. *Jenæ, in-4.*

985 Traité des Alimens, par Lemery, augm. par Bruhier. *Paris,* 1755, 2 *vol. in-12.*

986 Traité des Dispenses du Carême, par Hecquet. *Paris,* 1709, *in-12.*

987 Le Régime du Carême considéré par rapport à la nature du corps & des alimens, par Andry. *Paris,* 1710, *in-12.*

988 Traité de l'usage du Lait, par Martin. *Par.* 1706, *in-12.*

989 De Casei nequitiâ Disquisitio Medico-philologica. *In-8.*

990 Vertus médicinales de l'Eau commune, par Hecquet. *Paris,* 1730, 2 *vol. in-12.*

991 Expériences sur la maniére de rendre l'Eau de Mer potable, &c. par Hales, trad. par Bremond. *Paris,* 1741, *in-12.*

992 Idée générale de l'Œconomie animale, par Helvétius. *Paris,* 1722, *in-8.*

993 Réponse du même à la Critique de Besse. *Paris,* 1725, *in-8.*

994 Essai physique sur l'Œconomie animale, par Quesnay. *Paris,* 1747, 3 *vol. in-12.*

995 Petitus de motu animalium spontaneo. *Par.* 1660, *in-8.*

996 Nouv. Conjectures sur la digestion, par de la Chambre. *Paris,* 1636, *in-4.*

997 De la Digestion & des maladies de l'Estomac, par Hecquet. *Paris,* 1730, *in-12.*

998 Laur. Bellini Opuscula de motu cordis & bilis. *Lugduni Bat.* 1696, *in-4.*

999 Guil. Harvei de motu cordis & sanguinis

in animalibus Exercitatio Anatomica. *Lugdun.*
Bat. 1739, *in-4.*

1000 Discorsi di Pietro Paolo Magni intorno al
sanguinar. *Roma*, 1584, *in-4.*

1001 Barbati Dissertatio de sanguine. *Paris*,
1667, *in-12.*

1002 Recueil de diverses Pieces sur la transfu-
sion du sang. *In-4.*

1003 Traité des Corps solides & des Fluides du
corps humain, par Malouin. *Par.* 1758, *in-12.*

1004 Ant. Fizes partium hum. corporis solida-
rum Conspectus anat. *Monsp.* 1729, *in-8.*

1005 P. A. Michelotti de Separatione fluidorum in corpore animali Dissertat. *Venet.* 1721.
═══ Jo. Bernoulli de motu musculorum de
effervescentiâ, &c. Dissertat. *Ibid.* 1721, *in-4.*

1006 P. A. Michelotti Epistola, quâ aer pul-
mones influens cogat ne, an solvat sanguinem
eorum canales permeantem, inquiritur. *Par.*
1724, *in-4.*

1007 Eclaircissement sur la maniere dont l'air
agit sur les poumons, contre Michelotti, par
Helvetius. *Paris*, 1728, *in-4.*

1008 Essai des effets de l'air sur le corps humain,
trad. d'Arbuthnot, par Boyer. *Paris*, 1742,
in-12.

1009 Jo. Swammerdami Tractatus de Respiratione usuque pulmonum. *Lugd. Bat.* 1667,
in-8.

1010 Fr. de Sauvages Dissertatio de Respiratione
difficili. *Monsp.* 1757, *in-4.*

1011 Observations sur la prédiction des Crises
par le Pouls, trad. par la Virotte. *Par.* 1748,
in-12.

1012 Cæfar Cremoninus de Calido innato & de Semine. *Lugd. Bat.* 1634, *in* 16.

1013 Guil. Harvey Exercitationes de generatione Animalium. *Amftel.* 1651, *in*-12.

1014 Th. Fieni de formatrice Fœtus Liber. *Ant.* 1620, *in* 8.

1015 Ant. Deufingii de generatione Fœtus in utero, Defcriptio. *Groningæ*, 1653, *in* 16.

1016 Examen de la force de l'imagination des Femmes enceintes, par Blondel. *Londres*, 1727, *in* 8. (*en angl.*)

1017 Lettres fur le pouvoir de l'imagination des Femmes enceintes, par Bellet. *Paris*, 1745, *in* 12.

1018 Differtation phyfique à l'occafion du Negre blanc, par de Maupertuis. 1744, *in* 8.

1019 Vénus phyfique, par le même. 1745, *in* 12.

1020 Anti-Vénus phyfique. 1746, *in* 12.

1021 Prodromo di un' Opere fopra le reproduzioni Animali da Spalanzani. *In Moden.* 1768, *in* 4.

1022 Defcription du mal de gorge accomp. d'ulceres, trad. par de la Chapelle. *Paris*, 1749, *in* 12.

1023 Th. Willis Cerebri Anatome, Nervorumque Defcriptio. *Amft.* 1664, *in* 12.

1024 Th. Whartoni Glandularum corporis Defcriptio. *Lond.* 1656, *in* 8.

1025 Traité de l'exiftence, de la nature & des propriétés du fluide des Nerfs, par le Cat. 1765, *in* 8.

1026 Guill. Briggs Ophthalmographia, cum Vifionis Theoria. *Lugd. Bat.* 1686, *in* 12.

1027 Traité des maladies de l'Œil, par Ant. Maitre-Jan. *Paris*, 1722, *in* 12.

1028 Jac. Hovii Tractatus de circulàri humorum motu in Oculis. *Lugd. Bat.* 1716, *in* 8.

1029 Lettres de Petit fur les Yeux. *Par.* 1729, *in* 4.

1030 Diſſertat. d'Ang. Nannoni della Fiſtola lacrymale. *Parigi,* 1748, *in* 8.

1031 Jo. Frid. Caſſebohm Tractatus anat. de Aure humanâ. *Halæ,* 1734, *in* 4.

1032 Deſcription de l'Oreille de l'Homme, par de Mery. *Paris,* 1681, *in* 12.

1033 Nouv. Oſtéologie, par Verduc. *Paris,* 1689, *in* 12.

1034 Traité des maladies des Os, par J. L. Petit. *Paris,* 1723, 2 *vol. in* 12.

1035 Le même. *Paris,* 1735, 2 *vol. in* 12.

1036 Lettres du même ſur un extrait de ſon Livre. 1724, *in* 12.

1037 Diſſertat. ſur les Ouvrages de J. L. Petit, par Hunauld. *Paris,* 1726, *in* 12.

1038 Anatomie des Os & des Nerfs, par Alex. Monro. *Edimb.* 1750, *in* 8. (*en angl.*)

1039 Diſſertation ſur les Dents, par B. Martin. *Paris,* 1679, *in* 12.

1040 Le Chirurgien Dentiſte, par Fauchard. *Paris,* 1728, 2 *vol. in* 12.

1041 Joſiæ Weitbrecht Syndeſmologia, ſive Hiſt. ligamentorum corporis humani. *Petrop.* 1742, *in* 4. *fig.*

1042 Hier. Senis de totius animalis integumentis Opuſculum. *Patavii,* 1618, *in* 4.

1043 Traité des Maladies de la peau, trad. de l'angl. de Turner. *Paris,* 1743, 2 *vol. in* 12.

1044 B. Boudon Diſſertatio medica de ſpiraculis cutaneis & eorum excretis in genere. *Harderov.* 1724, *in* 4.

1045 Traité des Sens, par le Cat. *Paris*, 1742, *in* 8.

1046 Traité de l'organe de l'Ouie, par du Verney. *Paris*, 1683, *in* 12.

1047 Théorie physique de la Voix, par M. Morel. *Paris*, 1746, *in* 12.

1048 Six pieces sur la Voix, par MM. Ferrain, Bertin & Montagnat. *In* 12.

1049 Felicis Plateri Quæstiones Medicæ. *Parif.* 1662, *in* 12.

1050 Christ. Moeglingii Tentamina Semioticæ. *Tubingæ*, 1747, *in* 4.

1051 P. Jof. Barthes Quæstiones Medicæ. *Monfpelii*, 1761, *in* 4.

1052 Systême d'un Médecin Anglois sur la cause des maladies. *Paris*, 1726, *in* 12.

1053 Elémens de Médecine pratique, par Bouillet. *Beziers*, 1744, *in* 4.

1054 Méthode de guérir les maladies du corps, & les déréglemens de l'esprit, trad. de Cheyne, par la Chapelle. *Paris*, 1749, 2 *vol. in* 12.

1055 Traité des Maladies, & de leurs remedes, par Helvétius. *Paris*, 1727, 2 *vol. in* 12.

1056 Ejufdem, Principia Physico-Medica. *Par.* 1752, 2 *vol. in* 8.

1057 Précis de Médecine pratique, par Lieutaud. *Paris*, 1759, *in* 8.

1058 Systême des Fievres & des Crifes, par Falconnet. *Paris*, 1723, *in* 12.

1059 Traité des Fievres continues, par Quefnay. *Paris*, 1753, 2 *vol. in* 12.

1060 Christ. Lud. Moeglingii Tractatus de Febribus continuis & intermittentibus. *Tubingæ*, 1758, *in* 4.

1061 De la préservation du corps humain contre la peste, par Benoît Textor. 1551, *in* 8.

1062 Dissertation sur l'origine des Maladies épidémiques & de la Peste, par Astruc. *Montp.* 1721, *in* 8.

1063 Avis & Remedes contre la Peste, par Bouillet. *Beziers,* 1721, *in* 8.

1064 Relation de la Peste de Marseille. *Paris,* 1720, *in* 8.

1065 Gasp. Meyer Dissertatio de Morbis endemiis. *Lugd. Bat.* 1738, *in*-4.

1066 Traité de la Gangrene, par Quesnay. *Par.* 1749, *in* 12.

1067 Recueil de pieces pour & contre l Inoculation. *In* 4. *in* 8. & *in* 12.

1068 L'Art de guérir les Maladies vénériennes, par de Blegny. *Paris,* 1698, *3 vol. in* 12.

1069 Traité des Maladies vénériennes, par de la Mettrie. *Paris,* 1739, *in* 12.

1070 Jo. Astruc de Morbis venereis Libri. *Par.* 1736, *in* 4.

1071 Iidem, aucti. *Paris.* 1740, *2 vol. in* 4.

1072 Th. Willis Affectionum hystericarum hypocondriacarum Pathologia. *Lugd. Bat.* 1671, *in* 12.

1073 Observations sur l'Anasarque, les Hydropisies de poitrine, &c. par Bouillet. *Beziers,* 1765, *in* 12.

1074 Examen du Traité de Colica Pictonum, de M. Tronchin, par M. Bouvart. *Par.* 1758, *in* 8.

1075 Observations & Réflexions sur la Colique de Poitou, par Combalusier. *Paris,* 1761, *in* 12.

1076 Fr. Combalusier Pneumato-Pathológia, seu Tractatus de flatulentis humani corporis affectibus. *Paris,* 1747, *in* 12.

1077 Le même, trad. par Jault. *Paris,* 1754, 2 *tom. en un vol. in* 12.

1078 Discours pour l'ouverture de l'Ecole de Chirurgie, avec un Essai d'un Traité des Hernies, par de Lagaranne. *Paris,* 1726, *in* 12.

1079 Ambr. Floridi Tractatus de annis climatericis ac diebus criticis. *Patav.* 1612, *in* 12.

1080 Salmasii de annis climatericis Diatribæ. *Lugd. Bat.* 1648, *in* 8.

1081 Dissertation sur l'incertitude des signes de la mort, par Bruhier. *Par.* 1749, 2 *vol. in* 12.

1082 Traité de la Suppuration, par Quesnay. *Paris,* 1749, *in* 12.

1083 Opération de la Taille par l'appareil latéral, par Garengeot. *Paris,* 1730, *in* 12.

1084 Traité de la Taille au haut appareil, par Morand. *Paris,* 1727, *in* 12.

1085 Expériences & Observations sur la Pierre, & sur les Remedes de Mlle Stephens. *Paris,* 1743, 2 *vol. in* 12.

1086 Essai sur l'Education médicinale des enfans, par Brouzet. *Paris,* 1754, 2 *vol. in* 12.

1087 De la génération des Vers dans le corps de l'Homme, par Andry. *Paris,* 1700, *in* 12.

1688 Moyens de conserver la santé aux équipages des vaisseaux, par du Hamel du Monceau. *Paris,* 1759, *in* 12.

1089 Fort. Liceti de Monstrorum causis natura & differentiis Libri. *Patav.* 1616, *in* 4.

1090 Julii Osequentis Prodigiorum Liber, cum Supplem. Conr. Lycosthenis. *Basilea,* 1552, *in* 8.

1091 Conradi Lycosthenis Prodigiorum atque Ostentorum Chronicon. *Basil.* 1557, *in fol.*

1092 Hist. de la maladie, & Examen du cadavre d'une femme devenue contrefaite par un ramollissement des os, par Morand. *Paris,* 1752, *in 12.*

1093 Mémoires pour & contre les Médecins & les Chirurgiens de Paris. *In 4.*

1094 Examen impartial des contestations des Médecins & des Chirurgiens. (*Paris*), 1748, *in 12.*

Anatomie, Pharmacie, Chymie, &c.

1095 Joh. Jac. Mangeti Theatrum Anatomicum. *Genevæ,* 1717, *2 vol. in fol. fig.*

1096 Le petit Monde, où sont représentées les plus belles parties de l'homme, par Chabodie. *In 8.*

1097 Th. Bartholini Anatome. *Lugduni,* 1677, *in 8.*

1098 Discours Anatom. de G. Lamy. *Bruxelles,* 1679, *in 12.*

1099 Description Anatom. du corps humain, par Amé Bourdon. *Paris,* 1679, *in 12.*

1100 Quatre Livres d'Albert Durer, de la proportion des parties & pourctraits du corps humain, trad. par Louis Meigret. *Arnheim,* 1614, *in fol.*

1101 Ph. Verheyen corporis humani Anatome. *Bruxellis,* 1710, *2 vol. in 4. fig.*

1102 Anatomie d'Heister. *Par.* 1724, *in 8. fig.*

1103 Ejusdem Compendium Anatomicum. *Altorfi,* 1727, *in 8.*

1104 Ant. Mar. Valsalvæ Opera, aucta studio Jo. Bapt. Morgagni. *Venet.* 1740, *in 4. fig.*

1105 Anatomie de Palfin, revue par Boudon. *Paris*, 1734, 2 *vol. in* 8. *fig.*

1106 Miotomie humaine & canine, par Garengeot. *Paris*, 1728, *in* 12.

1107 Expofition Anat. de la ftructure du corps humain, par Winslou. *Paris*, 1732, *in* 4.

1108 Tables anatom. repréfentant une obfervation d'une double matrice, par G. H. Einfenmann. *Strasbourg*, 1752, *in fol.*

1109 Alb. Haller Elementa Phyfiologiæ corporis humani. *Laufannæ*, 1757, 8 *vol. in* 4.

1110 Ejufdem Opera minora. *Laufannæ*, 1762, 3 *vol. in* 4.

1111 Differtat. fur les parties irritables & fenfibles, par Haller, trad. par Tiffot. *Laufanne*, 1755, *in* 12.

1112 Mém. fur la nature fenfible & irritable, par le même. *Lauf.* 1756, 2 *vol. in* 12.

1113 Anthropotomie, ou l'Art de difféquer, par Tarin. *Paris*, 1750, *in* 12.

1114 Traité des Inftruments de Chirurgie, par Garengeot. *Paris*, 1727, 2 *vol. in* 12. *fig.*

1115 Traité de l'ufage des différentes fortes de faignées, par Sylva. *Paris*, 1727, 2 *vol. in* 8.

1116 Lettres fur le choix des faignées, par Sénac. *Paris*, 1730, *in* 12.

1117 Traité des effets & de l'ufage de la faignée, par Quefnay. *Paris*, 1750, *in* 12.

1118 Mém. fur le mouvement du fang & les effets de la faignée, par Haller. *Lauf.* 1756, *in* 12.

1119 Diofcoridis de Medicâ materiâ Libri, ex verf. Ruellii. *Lugd.* 1547, *in* 12.

1120 And. Matthiolus de Simplicium medicamentorum facultatibus. *Lugd.* 1571, *in* 16.

1121 Nic. Monardi Simplicium Medic. Hiftoria, interp. Car. Clufio. *Antv.* 1574, *in* 8.

1122 Traité de matiere Médicale, par Geoffroy. *Paris*, 1742, 10 *vol. in* 12.

1123 Boerhaave Tractatus de viribus Medicamentorum. *Parif.* 1723, *in* 12.

1124 Th. Balthafaris de dofibus Medicamentorum Diatribe. *Lipfiæ*, 1719, *in* 12.

1125 Traité des Drogues, par Lémery. *Paris*, 1714, *in* 4. *fig.*

1126 Nicandri Alexipharmaca, gr. cum interp. & notis Gorræi. *Parifiis*, 1549, *in* 8.

1127 Pharmacopée de Silvius. *Lyon*, 1574, *in* 12.

1128 Pharmacopée de Lémery *Par.* 1715, *in* 4.

1129 La Pharmacie moderne, trad. de l'angl. par Eidous. *Paris*, 1750, *in* 12.

1130 Elémens de Pharmacie théorique & pratique, par Baumé. *Paris*, 1762, *in* 8.

1131 Pieces fur la poudre d'Ailhaud. *in* 12.

1132 Formules de Médecine pour l'Hôtel-Dieu de Lyon. *Paris*, 1764, *in* 12.

1133 Expofition des effets d'un nouv. remede, nommé Sirop mercuriel, par Bellet. *Paris*, 1770, *in* 12.

1134 Cl. Donati de vero aquæ cordialis Herculis Saxoniæ concinnandi modo & ufu, Liber. *Hanoviæ*, 1652, *in* 12.

1135 Secrets de J. J. Wecher. *Rouen*, 1600, *in* 8.

1136 Les mêmes. *Rouen*, 1663, *in* 8.

1137 De l'embelliffement & ornement du corps humain, par Liébaut. *Paris*, 1582, *in* 8.

1138 Remedes de Fouquet. *Lyon*, 1681, *in* 12.

1139 Davidis Lagnei Harmonia chemica. *Par.* 1611, *in* 12.

1140

1140 Royale Chymie de Crollius , trad. par J. M. de Boulene. *Lyon* , 1624 , *in* 8.

1141 J. Belye, Dauftenii, &c. Tractatus Chymici. *Geifmariæ* , 1647 , *in* 12.

1142 Introd. à la Chymie , trad. de l'all. de Rothe , par J. L. Claufier. *Paris* , 1741 , *in* 12.

1143 Le Chymifte Phyficien , par Mongin. *Par.* 1704. *in* 12.

1144 Cours de Chymie , par Nicolas Lémery. *Lyon* , 1703 , *in* 8.

1145 Le même , donné par Baron. *Paris* , 1756 , *in* 4. *fig.*

1146 Herm. Boerhaave Elementa Chemiæ. *Par.* 1733 , 2 *vol. in* 4. *fig.*

1147 Abrégé de la Théorie chymique , tiré de Boerhaave par de la Mettrie. *Par.* 1741 , *in* 12.

1148 Joh. Freind Prælectiones Chymicæ. *Parif.* 1727 , *in* 12.

1149 Traité de Chymie , par Malouin. *Paris* , 1734 , *in* 12.

1150 Chymie médicinale , par le même. *Paris* , 1750 , 2 *vol. in* 12.

1151 La même. *Paris* , 1755 , 2 *vol in* 12.

1152 Elémens de Chymie théorique & pratique par Macquer. *Paris* , 1749 , 3 *vol. in* 12.

1153 Plan d'un Cours de Chymie , par le même & Baumé. *Paris* , 1757 , *in* 12.

1154 Dict. de Chymie , par Macquer. *Paris* , 1766 , 2 *vol. in* 8.

1155 Urb. Hierne Tentamina Chymica. *Stockol.* 1753 , *in* 8.

1156 Manuel de Chymie , par Baumé. *Paris* , 1766 , *in* 12.

1157 Differtation fur l'Æther , par le même. *Paris* , 1757 , *in* 12.

K

1158 Recueil d'Expériences sur le mélange des corps, trad. de Grew. *Paris*, 1679, *in* 12.

1159 Jo. Dav. Hahn Dissertatio de efficaciâ mixtionis in mutandis corporum voluminibus. *Lugd. Bat.* 1751, *in* 4.

1160 Mém. sur l'action du Feu égal & violent sur plusieurs terres, &c. par d'Arcet. *Paris*, 1766, *in* 8.

1161 Jo. Bapt. Portæ de distillationibus Libri. *Argent.* 1609, *in* 4.

1162 Rod. Glauberi Tractatus de naturâ Salium. *Amst.* 1659, *in* 12.

1163 Traité des Vernis, par Bonanni. *Paris*, 1723, *in* 12.

1164 Art de la Teinture des laines, par Hellot. *Paris*, 1750, *in* 12.

1165 P. Mar. Caneparii Tractatus de Atramentis. *Roterodami*, 1718, *in* 4.

1166 Le Parfumeur François, par Barbe. *Lyon*, 1693, *in* 12.

1167 Science des Secrets de nature d'Artephius. ═══Cosmopolite, ou nouv. Lumiere de la Physique nat. trad. par de Bosnay. *Par.* 1609, *in* 12.

1168 Le Prototype de l'Art Chymique, par René de la Chastre. *Paris*, 1620, *in* 8.

1169 Miroir d'Alquimie de Rogier Bacon. *in* 12.

1170 Ciel des Philosophes, ou Secrets de nature, par Ph Ulstade. *in* 12.

1171 La Toyson d'or, ou Traité de la Pierre des Philosophes, par Trismasin. *Paris*, 1612, *in* 8.

1172 Discours sur la guérison des playes par la Poüdre de sympathie, par Digby. *Rouen*, 1673, *in* 12.

MATHÉMATIQUES.

Prolégomenes.

1173 Dict. Mathématique, par Ozanam. *Paris*, 1691, *in* 4.

1174 Dict. de Mathématique & de Physique, par Saverien. *Paris*, 1753, 2 *vol. in* 4.

1175 Corn. à Beughem Bibliographia Mathematica. *Amstel.* 1688, *in* 12.

1176 Heilbronner Historia Matheseos universæ. *Lipsiæ*, 1752, *in* 4.

1177 Hist. des Mathématiques, par Montucla. *Paris*, 1758, 2 *vol. in* 4.

1178 Vossius de Philologiâ & Scientiis Mathematicis. *Amst.* 1650, *in* 4.

1179 Réflexions sur l'utilité des Mathématiq. par Crousaz. *Amst.* 1715, *in* 12.

1180 Discours sur l'étude des Mathématiques, par de la Chapelle. *Paris*, 1743, *in* 12.

1181 P. Rami Procemium Mathematicum. *Parif.* 1567, *in* 8.

1182 Jo. Polenus de Physices in rebus Mathematicis utilitate. *Patavii*, 1716, *in* 4.

1183 Meditationes Philof. de methodo Mathematicâ. ed. Frid. Hagen. *Norimb.* 1734, *in* 8.

1184 Inftruments Mathématiques Méchaniques, par J. Errard. *Nancy*, 1584, *in fol.*

1185 Traité de la conftruction & des ufages des Inftrumens de Mathématique, par Bion. *Par.* 1725, *in* 4. *fig.*

1186 Ufage du Compas de proportion, par D. Henrion. *Paris*, 1631, *in* 8.

1187 Defcription & ufage du Pantographe perfectionné, par Langlois. *in* 4. *fig.*

Mathématiciens anciens.

1188 Vet. Mathematicorum Opera, gr. & lat. *Parif. è Typ. Regiâ,* 1693, *in fol. C. M.*

1189 Ariftotelis Loca Mathematica, collecta per Blancanum. *Bonon.* 1615, *in* 4.

1190. B. Baldi in Mechanica Ariftotelis problemata Exercitationes. *Mog.* 1621, *in* 4.

1191. Archimedis Opera, ed. Nicol. Tartalla. *Venet.* 1543, *in* 4.

1192 Eadem, gr. lat. cum comm. Eutochii. *Bafil.* 1544, *in fol.*

1193 Eadem, gr. lat. cum comm. Dav. Rivalti. *Parif.* 1615, *in fol. C. M. m. r.*

1194 Eadem : Appollonii Pergæi Conciorum Libri. Theodofii Sphærica, per If. Barrow. *Lond.* 1675, 2 *vol. in* 4.

1195 Archimedis Arenarius, & dimenfio Circuli, cum notis Wallis. *Oxon.* 1666, *in* 12.

1196 Adriani in Archimedis Circuli dimenfionem. Exercitationes. *Wurceburgi,* 1597, *in fol.*

1197 Dav. Sanclarius pro Archimede & Euclide. *Parif.* 1622, *in fol.*

1198 Theonis Mathematica, gr. lat. ed. Bullialdo. *Parif.* 1644, *in* 4.

1199 Pappi Alex. Mathematicæ Collectiones, lat. *Pifauri,* 1588, *in fol.*

Mathématiciens modernes.

1200 Seb. Munfteri Rudimenta Mathematica. *Bafil.* 1551, *in fol.*

1201 Orontii Finei de rebus Mathematicis Libri. *Parif.* 1556, *in fol.*

1202 Iidem. == Th. Brawardini Geometria fpe-
culativa : Jo. Voegelin Elementale Geometricum ex Euclide. *Parif.* 1530. == Conr. Ulmë-
rus de Horologiis fciotericis. *Norimb.* 1556,
in fol.

1203 Orontii Finei Protomathefis. *Par.* 1532,
in fol.

1204 P. Rami Arithmeticæ & Geometriæ Libri.
Bafil. 1580, *in* 4.

1205 Iidem, à Laz. Schonero recogniti. *Francof.*
1599, *in* 4.

1206 Petri Nonii Opera. *Bafilea*, 1592, *in fol.*

1207 Jo. Brofcii Apologia pro Ariftotele & Euclide contra Ramum. *Dantifci*, 1652, *in* 4.

1208 Opere di Nic. Tartaglia. *In Venet.* 1606,
in 4.

1209 Chrift. Clavii Geometria, Arithmetica &
Algebra. *Moguntiæ*, 1612, *in fol.*

1210 Œuvres Mathém. de Simon Stevin, revues
par Girard. *Leyde*, 1634, *in fol.*

1211 Mar. Bettini Apiaria Philofophiæ-Mathe-
maticæ. *Bonon.* 1642, 2 *vol. in fol.*

1212 P. Herigoni Curfus Mathematicus. *Parif.*
1644, 6 *vol. in* 8.

1213 Fr. Vietæ Opera Mathematica, ed. à Schooten. *Lugd. Bat. Elzevir*, 1646, *in fol.*

1214 Gafp. Schotti Mathefis Cæfarea. *Herbipoli*, 1668, *in* 4. *fig.*

1215 Car. Renaldini Ars Analytica Mathema-
tum. *Flor.* 1665, 2 *vol. in fol.*

1216 A. Tacquet Opera Mathematica, ed. Laur.
Veterano. *Antv.* 1669, *in fol.*

1217 Jo. Caramuelis Mathefis biceps. *Campa-
nia*, 1670, *in fol.*

1218 Jo. Chrift. Sturmii Mathefis enucleata. *Norimb.* 1689, *in fol.*

1219 Cl. Franc. Milliet Dechalles Curfus Mathematicus, ed. Amat. Varein. *Lugd.* 1690, 4 *vol. in fol.*

1220 Joh. Vallis Opera Mathematica. *Oxonii,* 1699, 3 *tom.* 4 *vol. in fol.*

1221 Cours de Mathématique, par Ozanam. *Paris,* 1697, 5 *vol. in* 8. *fig.*

1222 Chr. Wolfii Elementa Mathefeos univerfæ. *Halæ Magdeb.* 1713, 2 *vol. in* 4.

1223 Eadem. *Genevæ,* 1732, 5 *vol. in* 4.

1224 Ratio prælectionum Wolfianarum in Mathefin & Philof. *Halæ,* 1718, *in* 8.

1225 Eadem. *Ibid.* 1735, *in* 8.

1226 Difquifitio errorum quos Wolfio adfcribere voluit Segner. *Lipfiæ,* 1741, *in* 8.

1227 Leçons de Mathématiques, par J. Privat de Molieres. *Paris,* 1725, *in* 12.

1228 Cours de Mathématique, par Belidor. *Paris,* 1725, *in* 4.

1228* Le même. *Paris,* 1757, *in* 4. *fig.*

1229 s'Gravefande Mathefeos univerfalis Elementa. *Lugd. Bat.* 1727, *in* 12.

1230 Abrégé des Mathématiques, par J. Herman. *S. Petersbourg,* 1728, *in* 8.

1231 Elémens de Mathématique, par Varignon. *Paris,* 1731, *in* 4.

1232 Cahiers de Mathématique à l'ufage des Officiers de l'Ecole Roy. de Strasbourg, par Herslenftein. *Strasbourg,* 1736, *in* 4.

1233 J. Frider. Weidleri Inftitutiones Mathefeos. *Vitemb.* 1736, *in* 8.

1234 Eædem. *Amftel.* 1750, *in* 8.

1235 Mathématique universelle, par le P. Castel. *Paris*, 1728, *in* 4.

1236 Elémens de Mathématique, par J. Muller. *Londres*, 1748, *in* 8. (*en angl.*)

1237 Cours de Mathématique, par Camus. *Par.* 1749, 4 *vol. in* 8. *fig.*

1238 Essais sur les Mathématiques, par Digard. *Paris*, 1752, *in* 4.

1239 Rog. Jos. Boscovich Elementa Matheseos universæ. *Romæ*, 1754, 3 *vol. in* 8.

1240 Traité de Mathématique, par Duval Desmaillets. *Paris*, 1756, *in* 12.

1241 Abrégé des Mathématiques, trad. de J. Ward, par Pezenas. *Paris*, 1756, *in* 8.

1241 * Leçons de Mathématiques, par de Merville. *Paris*, 1761, *in* 8.

1242 Cours de Mathématique à l'usage des Gardes de la Marine, par Bezout. *Paris*, 1764, 5 *vol. in* 8.

1243 Autre à l'usage du Corps de l'Artillerie. *Paris*, 1770, 2 *vol. in* 8.

Miscellanea Mathematica.

1244 Miscellanea Mathematica : (de Geometria; Conject. sur le Globe; Trigonométrie, &c.) *in* 8.

1245 Fr. Maurolyci Opuscula Mathematica. *Venet.* 1575, *in* 4.

1246 Mém. de Mathématiques, recueillis par Henrion. *Paris*, 1623, 2 *vol. in* 8.

1247 Adr. Metii Arithmeticæ & Geometriæ Libri. *Lugd. Bat.* 1626, *in* 4.

1248 Jo. Camilli Exercitationes Mathematicæ. *Neapoli*, 1627, 2 *vol. in* 4.

1249 Mar. Ghethaldus de resolutione & compositione Mathematicâ. *Romæ*, 1640, *in fol.*

1250 Fr. à Schooten Exercitationes Mathematicæ. *Lugd. Bat.* 1657, *in* 4.

1251 Commercium de Quæstionibus mathematicis, ed. Jo. Wallis. *Oxon.* 1658, *in* 4.

1252 Placidi de TitisQuæstiones Physico-Mathematicæ. *Mediolani*, 1675, *in* 4. *fig.*

1253 Recueil de Traités de Mathématique de l'Acad. des Sciences. *Paris, Impr. Roy.* 1676, *in fol.*

1254 Guil. Oughtred Opuscula Mathematica, inedita. *Oxonii*, 1677. ══Gilb. Clark Oughtredus explicatus. *Lond.* 1682, *in* 8.

1255 Petri de Fermat Opera Mathematica. *Tolosæ*, 1679, *in fol.*

1256 Recueil de Traités de Mathématique, par le P. Hoste. *Paris*, 1692, 3 *vol. in* 12. *fig.*

1257 Recueil des Ouvrages de M. de Hautefeuille. *Paris*, 1692, *in* 4.

1258 Nouv. Introduction aux Mathématiques, par Guil. Jones. *Lond.* 1706, *in* 8. (*en angl.*)

1259 Jo. Poleni Miscellanea : (de Barometris ; de Sect. Conicis). *Venet.* 1709, *in* 4.

1260 Dan. Bernoulli Exercitationes Mathematicæ. *Venetiis*, 1724, *in* 4.

1261 Joh. Bernoulli Opera. *Lausannæ*, 1742, 4 *vol. in* 4.

1262 Jac. Bernoulli Opera. *Genevæ*, 1744, 2 *vol. in* 4. *fig.*

1263 Jac. Jo. & Dan. Bernoulli Opera varia. *in* 4.

1264 Jo. Poleni Epistolarum Mathematicarum Fasciculus. *Patav.* 1729, *in* 4.

1265 Entretiens Mathématiques, par le P. Reynault. *Paris*, 1743, 3 *vol. in* 12.

1266 Is. Newton Opuscula Mathematica & Philosop. *Lausannæ*, 1744, 3 *vol. in* 4.

1267 L. Euleri Opuſcula. *Berolini*, 1746, *in* 4.

1268 Mémoires ſur différens ſujets de Mathématique, par Diderot. *Paris*, 1748, *in* 8.

1269 Recueil des Ouvrages de M. de Mairan,
imprimés dans les Mém. de l'Acad. Roy. des
Sciences, & les pieces qui y ont rapport. 5 *vol.*
in 4.

1270 Œuvres de Maupertuis. *Dreſde*, 1752, *in* 4.

1271 Opuſcules Mathématiques, par M. d'A-
lembert. *Paris*, 1761, 5 *vol. in* 4.

1272 Theſes de Mathématique, par Durranc.
Toulouſe, 1717, *in* 4.

1273 Jac. Basler Theſes Mathematicæ. *Baſileæ*,
1748, *in* 4.

1274 Theſes de Mathématique ſoutenues aux
Jéſuites. *in* 8.

1275 Récréations Mathématiques, par Henrion
& Mydorge. *Paris*, 1661, *in* 8.

1276 Autres, par Ozanam. *Paris*, 1725, 4 *vol.*
in 8. *fig.*

ARITHMÉTIQUE ET ALGEBRE.

1277 Jo. Camerarius de Græcis Latiniſque numerorum notis === Jac. Mycilli Arithmetica. *in* 8.

1278 Jo. Neperi Rabdologiæ, ſeu numerationis
per virgulas Libri. *Lugd.* 1626. *in* 8.

1279 Prodoſcimi de Bellandis Algoriſmi Tractatus. *Paduæ*, 1483. === Abrahæ a Venere de
Luminaribus & Diebus creticis. 1482. *in* 4.

1280 Diophantis Arithmetica, gr. lat. cum comm.
Gaſp. Bacheti. *Pariſ.* 1621, *in fol.*

1281 Eadem, gr. lat. cum comm. Petri de Fermat. *Toloſæ*, 1670, *in fol.*

1282 Jamblichus in Nicomachi Arithmeticam

L

Introductionem, & de Fato, cum notis Tennulii. *Arnhemiæ*, 1668, *in* 4. *gr. lat.*

1283 H. Cardani Practica Arithmetice. *Mediol.* 1539, *in* 8.

1284 Lod. Bezæ præclara numerandi Doctrina. *Lutetiæ*, 1556, *in* 8.

1285 Trattato di numeri & misure, di Nic. Tartaglia. *In Vineg.* 1556, *in fol.*

1286 Arithmétique de P. Forcadel. *Par.* 1557, *in* 4.

1287 Arithmétique abregée, par Martin Fustel. *Paris*, 1588, *in* 4.

1288 Barlaami Logistica, gr. & lat. ed. Jo. Chambero. *Parif.* 1600, *in* 4.

1289 Christ. Urstisii Elementa Arithmeticæ. *Basilea*, 1602, *in* 8.

1290 P. Bungi numerorum Mysteria. *Parisiis*, 1618, *in* 4.

1291 Arithmétique au miroir, par Alexandre Jean. 1637, *in* 8.

1292 Arithmétique de J. Tranchant. *Rouen*, 1647, *in* 8.

1293 Art & Science des nombres, par René Ouvrard. *Paris*, 1677, *in* 4.

1294 And. Tacquet Arithmeticæ Theoria & Praxis. *Bruxellis*, 1683, *in* 8.

1295 Elémens d'Arithmétique & d'Algebre, par de Lagny. *Paris*, 1697, *in* 12.

1296 Arithmétique universelle expliquée. *Par.* 1697, 2 *vol. in* 12.

1297 Arithmétique nouv. *Rochefort*, 1703, *in* 4.

1298 Arithmetica universalis, sive de compositione & resolutione Arithmeticâ Liber. *Cant.* 1707, *in* 8.

1299 Eadem, auctior. *Lond.* 1722, *in* 8.

1300 Traité d'Arithmétique, par Parent. *Paris,* 1714, *in* 8. *fig.*

130. Arithmétique démontrée, par Mercastel. *Rouen,* 1752, *in* 12.

1302 Isaaci Newton Arithmetica universalis. *Lugd. Bat.* 1732, *in* 4.

1303 Arithmétique universelle, par Josseaume. *Paris,* 1754, *in* 8.

1304 Joh. Collins Commercium epistolicum de Analysi promotâ. *Lond.* 1722, *in* 8.

1305 Fr. Vietæ de Æquationum recognitione Tractatus. *Parisiis,* 1615, *in* 4.

1306 Algebre de Viete, trad. par J. Hiemius. *Par.* 1636, *in* 8.

1307 Algebre de Jacques Pelletier. *Lyon,* 1554, *in* 8.

1308 Le même, trad. en latin. *Par.* 1560, *in* 4.

1309 Harriotti Praxis artis analyticæ ad æquationes algebricas novâ methodo resolvendas. *Lond.* 1631, *in fol.*

1310 Jac. de Billy Diophantus Geometra. *Parif.* 1660, *in* 4.

1311 Jacob. de Billy Diophantus redivivus. *Lugd.* 1670. == A. Ulacq Tabulæ sinuum tangentium & secantium. *Ibid.* 1670, *in* 8.

1312 Jac. de Billy nova Geometriæ Clavis Algebra. *Parisiis,* 1643, *in* 4.

1313 Elémens de Mathématique, par J. Prestet. *Paris,* 1689, 2 *vol. in* 4.

1314 Elémens de Mathématique, par B. Lamy. *Paris,* 1689, *in* 12.

1315 Les mêmes. *Paris,* 1704, *in* 12.

1316 Les mêmes *Paris,* 1705, *in* 12.

1317 Traité d'Algebre, par Rolle. *Par.* 1690, *in* 4.

2318 Démonstration d'une Méthode pour résoudre les égalités de tous les degrés, par le même. *Paris,* 1691, *in* 12.

1319 Nouv. Elémens d'Algebre, par Ozanam. *Amsterdam,* 1702, *in* 8.

1320 Application de l'Algebre à la Géométrie, par Guisnée. *Paris,* 1705, *in* 4.

1321 La même. *Paris,* 1733, *in* 4.

1322 La même. *Paris,* 1753, *in* 4.

1323 Gabr. Manfredi de constructione æquationum differentialium primi gradus. *Bonon.* 1707, *in* 4.

2324 Analyse démontrée, par le P. Reyneau. *Paris,* 1708, 2 *vol. in* 4.

1325 Science du Calcul, par le même. *Paris,* 1714, *in* 4.

1326 Jac. Stirling Lineæ tertii ordinis Newtonianæ. *Oxonii,* 1717, *in* 8.

1327 Miscellanea analytica de seriebus & quadraturis. *Londini,* 1730, *in* 4.

1328 Méthode d'Algebre & de Géométrie, par Gallimard. *Paris,* 1735, *in* 12.

1329 Nic. de Martino Algebræ Geometriâ promotæ Elementa. *Neapoli,* 1737, 3 *vol. in* 8.

1330 Joh. Nic. Frobesii artificiorum Algebraicorum Elementa. *Helmstadii,* 1737, *in* 4.

1331 Elémens d'Algebre, par Clairaut. *Paris,* 1746, *in* 8. *fig.*

1332 Elémens d'Algebre & de Géométrie, par de la Caille. *Par.* 1756, *in* 8. *fig.*

1333 Les mêmes, augmentés par M. Marie. *Paris,* 1770, *in* 8. *fig.*

Calcul différentiel & intégral.

1334 Jof. Raphfoni Hiftoria Fluxionum. *Lond.*
1715, *in* 4.

1335 Hift. du Calcul des infiniment petits, par
Saverien. *Paris*, 1753, *in* 4.

1336 Jofephi Raphfon Analyfis Æquationum.
Lond. 1702, *in* 4.

1337 Ifm. Bullialdi Opus ad Arithmeticam infinitorum. *Parifiis*, 1682, *in fol.*

1338 If. Newton Analyfis per quantitatum feries,
fluxiones & differentias. *Lond.* 1711, *in* 4.

1339 Bern. Nieuwentit Analyfis infinitorum.
Amftel. 1695, *in* 8.

1340 Ejufdem confiderationes circa analyfeos
principia. *Amft.* 1694, *in* 8.

1341 Analyfe des infiniment petits, par le Marq.
de l'Hôpital. *Par. Impr. Roy.* 1696, *in* 4.

1342 Guid. Grandi de infinitis, infinitorum &
infinitè parvorum ordinibus, Diflertatio. *Parifiis*, 1702, *in* 4.

1343 Georg. Cheynæi Methodus Fluxionum inverfa. *Lond.* 1703, *in* 4. —

1344 Rudimentorum methodi Fluxionum inverfæ
Specimina. *Lond.* 1705, *in* 4.

1345 An Inftitution of Fluxions, by Humphry
Ditton. *London.* 1706, *in* 8.

1346 La même, augm. par J. Clarke. *Lond.*
1726, *in* 8.

1347 Joh. Craige de Calculo fluentium & de
Opticâ analyticâ Libri. *Lond.* 1718. == Brook
Taylor Methodus incrementorum directa &
inverfa. *Lond.* 1717, *in* 4.

1348 Commentaire fur l'Analyfe des infiniments
petits, par de Croufaz. *Paris*, 1721, *in* 4.

1349 Rog. Cotesii Harmonia mensurarum, ed. Rob. Smith. *Cant.* 1722, *in* 4.

1350 Epist. de Cotesii inventis. *Lond.* 1722, *in* 4.

1351 Eclaircissemens sur l'Analyse des infiniments petits, par Varignon. *Paris*, 1725, *in* 4.

1352 Joh. Lud. Calandri Theses Mathematicæ de infinito & Calculo infinitésimali. *Geneva*, 1730, *in* 4.

1353 Méthode des Fluxions directe & inverse, par Stone. *Londres*, 1730, *in* 8. (*en angl.*)

1354 Analyse des infiniments petits, par Stone. *Paris*, 1735, *in* 4.

1355 La Méthode des Fluxions & des suites infinies, de Newton, avec un Comment. par Jean Colson. *Lond.* 1736, *in* 4. (*en angl.*)

1356 La même, trad. *Paris*, 1740, *in* 4.

1357 Le Calcul différentiel & le Calcul intégral appliqué à la Géométrie, par Deidier. *Paris*, 1749, *in* 4. *fig.*

1358 Traité des Fluxions, par Colin Maclaurin. *Edimb.* 1741, 2 *vol. in-* 4. (*en angl.*)

1359 Le même, trad. par le P. Pezenas. *Par.* 1749, 2 *vol. in* 4.

1360 Leon. Euleri Introductio in Analysim infinitorum. *Laus.* 1748, 2 *vol. in* 4. *m. r.*

1361 Géométrie métaphysique, par Foucher. *Paris*, 1758, *in* 8.

1362 Jac. Bellogradi de Analyseos in re Physica usu. *Parma*, 1761, 2 *vol. in* 4. *C. M.*

1363 Essais d'Analyse, par M. le Marq. de Concorcet. *Paris*, 1768, *in* 4.

1364 Traité des Quantités incommensurables. *Paris*, 1740, *in* 4.

1365 Vinc. Viviani de maximis & de minimis geometrica divinatio. *Florent.* 1659, *in fol.*

1368 Leonh. Euleri Methodus inveniendi lineas curvas maximi minimive proprietate gaudentes, five folutio Problematis Ifoperimetrici. *Lauf.* 1744, *in* 4.

1369 Traité du Calcul integral, par de Bougainville. *Paris,* 1754, 2 *vol. in-*4.

Traités particuliers.

1370 Livre néceſſaire, par Barême. *Par. in* 12.

1371 Des communes meſures & racines, par Taneguy le Fevre. *Paris,* 1714, *in* 8.

1372 Petri Mengoli nova Quadratura Arithmeticæ. *Bonon.* 1650., *in*-4.

1373 Tractatus Arithmetici partium & Alligationis, auct. Bern. Salignaco. *Francof.* 1575, *in*-4.

1374 Lucæ di Burgo Summa Arithmeticæ & Geometriæ proportionum. *In Vinegia,* 1494, *in fol.*

1375 Cardani Opus de proportionibus numerorum motuum, &c. de regulis Algebraicis Libri. *Bafileæ,* 1570, *in-fol.*

1376 Marci Meibomii de proportionibus Dialogus. *Hafniæ,* 1655, *in-fol.*

1377 De la nature & des ufages des Nombres trigonaux, par de Joncourt. *La Haye,* 1762, *in*-4.

1378 Racines quarrées & cubiques, par le Comte de Pagan. *Paris,* 1669, *in*-12.

1379 J. P. Buchneri Tabula Radicum quadratorum & cuborum. *Norimb.* 1701, *in*-8.

1380 Eſſai d'analyſe ſur les Jeux de haſard, par Montmort. *Paris,* 1708, *in*-4.

1381 Le même. *Paris,* 1713, *in*-4.

1382 The Doctrine of Chances, or a method of calculating the probability of events in Play. *Lond.* 1718, *in-4.*

1383 Abr. de Moivre de probabilitate eventuum in Ludis a cafu fortuito pendentibus. *in-4.*

1384 Effai fur les probabilités de la durée de la vie humaine, par Deparcieux. *Par.* 1746, *in-4.*

1385 Table pour la liquidation des Quartes légitimes, &c. *Caftres*, 1608, *in-8.*

1386 Liquidation d'intérêts aux Deniers dix, douze, &c. *Touloufe*, 1682, *in-12.*

1387 Tarif pour la valeur des nouvelles foufcriptions de la Compag. des Indes, par Perpoint. *Paris*, 1719, *in-8.*

1388 Rythmomachia, feu Ludus Pythagoreus, per Claud. Buxerium illuftratus. *Parif.* 1556, *in-12.*

1389 Problêmes plaifans qui fe font par les nombres, par Bachet de Meziriac. *Lyon*, 1624, *in-8.*

GÉOMÉTRIE.

Géometres Anciens & Modernes.

1490 Dialóghi di Doria fopra l'arte di ezaminare una Demoftraz. Geometrica. *Amft.* 1718, *in-4.*

1391 Differtation fur la Géométrie, par Liger. *Paris*, 1743, *in-12.*

1392 Fr. de Monancourt Euclides Logifticus. *Lov.* 1652, *in-12.*

1393 Euclidis Elementorum Libri, gr. lat. *Lond.* 1620, *in fol.*

1394 Iidem, ed. Dav. Gregorio. *Oxon.* 1703, *in-fol.*

1395 Euclidis, Archimedis, Apollonii Pergæi, Theodosii Opera. *Parif.* 1626, *in-16.*

1396 Euclidis Elementa, cum comment. Campani, Theonis & Hypficlis. *Par. Steph. in-fol.*

1397 Eadem, cum fcholiis Clavii. *Franc.* 1607, 2 *vol. in-8.*

1398 Eadem. *Pifauri*, 1619, *in-fol.*

1399 Eadem, ed. If. Barrow. *Londini*, 1711, *in-12.*

1399 * Les mêmes, trad. en angl. par Simpfon. *Glafgou*, 1762, *in-8.*

1400 Procli in primum Euclidis Librum Comm. ed. Barocio. *Patavii*, 1560. == Stoefterus in Procli Sphæram. *Tub.* 1534, *in-fol.*

1401 Euclidis Data & Marini Comm. ed. Cl. Hardy, gr. lat. *Paris*, 1625, *in-4.*

1402 Neuf Livres des Elémens d'Euclide, trad. par Errard. *Paris*, 1629, *in-8.*

1403 Jac. Peletarii in Euclidis Elem. Demonft. Libri. *Lugd.* 1557. == Puteani Euclidis Elem. decimum. *Par.* 1612. == Orontii Finei Arithmetica practica. *Par.* 1542. == Ejufd. in fex priores Euclidis Libros Demonft. *Par.* 1536. == Mauricii Breffii Metrices Aftronomicæ Libri. *Ibid.* 1581, *in-fol.*

1404 Peletarii Difquifit. Geometricæ. *Lugd.* 1567, *in-8.*

1405 Prælectiones in principium Elem. Euclidis. *Oxonii*, 1621, *in-4.*

1406 Géométrie élémentaire d'Euclide, avec des fuppl. par Gallimard. *Par.* 1746, *in-fol.*

1407 Borelli Euclides reftitutus. *Pifis*, 1658, *in-4.*

1408 Buteonis Opera Geometrica. *Lugd.* 1556, *in-fol.*

M

1409 Géométrie de Boulenger. *Par.* 1623, *in-8.*

1410 Eberh. Welperi Elementa Geometrica. *Arg.* 1630, *in-4.*

1411 Théorèmes Géométriques, par de Pagan. *Paris,* 1654, *in-8.*

1412 Honor. Fabry Synopsis Geometrica. *Lugd.* 1669, *in-12.*

1413 Tariffa Kircheriana Geomet. & Arithm. summam continens. *Roma,* 1679, 2 *vol. in-8.*

1414 Elémens de Géométrie, par Mourgues. *Paris,* 1681, *in-12.*

1415 Tacquet Elementa Geometriæ. *Amstel.* 1683, *in-12.*

1416 Eadem. *Cant.* 1710, *in-8.*

1417 Elémens de Géométrie, par Arnauld. *Par.* 1683, *in-4.*

1418 Les mêmes. *La Haye,* 1690, *in-8.*

1419 Elémens de Géométrie, par Lamy. *Paris,* 1685, *in-12.*

1420 Les mêmes. *Paris,* 1704, *in-12.*

1421 Les mêmes. *Paris,* 1710, *in 12.*

1422 Les mêmes. *Paris,* 1758, *in 12.*

1423 Sphinx, Geometra. *Parm.* 1694, *in 8. fig.*

1424 Elémens de Géométrie, par Pardies. *Lyon,* 1696, *in 12.*

1425 Géométrie ancien. & nouv. par Durranc. *Toulouse,* 1723, *in 4.*

1426 Elémens de Géométrie, par Privat de Molieres. *Paris,* 1741, *in 12.*

1427 Elémens de Géométrie, par Clairaut. *Paris,* 1741, *in 8.*

1428 Institutions de Géométrie, par de la Chapelle. *Paris,* 1746, 2 *vol. in 8.*

1429 Les mêmes. *Paris,* 1757, 2 *vol. in 8.*

1430 Elémens de Géométrie, trad. de Simpson, par d'Arquier. *Paris*, 1755, *in* 8.

1431 Traité de Géométrie. *in* 4. *mf.*

1432 Th. Hobbes Rosetum Geometricum. *Lond.* 1671, *in* 4.

1433 Stevinii Problemata Geometrica. *Antv. in* 4.

1434 Bon. Cavalerii Directorium generale Uranometricum. *Bonon.* 1632, *in* 4.

1435 Ejudem, Methodus indivisibilium. *Ibid.* 1535, *in* 4.

1436 Ejusdem Exercitationes Geometricæ. *Ibid.* 1647, *in*-4.

Sur les Lignes droites & le Cercle.

1437 Theodosii Sphæricorum Libri, gr. & lat. per Joh. Penam. *Parisiis*, 1558, *in* 4.

1438 Iidem, gr. & lat. *Oxoniæ*, 1707, *in* 8.

1439 Menelai Al. Sphæricorum Libri, lat. *In* 4.

1440 P. Ant. Cataldi Opusculum de Lineis rectis. *Bonon.* 1603, *in* 4.

1441 Géométrie des Lignes & des Surfaces rectilignes, par Crousaz. *Amst.* 1718, *in* 12.

1442 Joh. Craige Methodus, figurarum Lineis rectis comprehensarum, Quadraturas determinandi. *Lond.* 1685, *in* 4.

1443 Vilh. Dilichii Peribologia. *Francof.* 1640, *in fol.* (*germanicè.*) *fig.*

1444 Georg. Lud. Frobenii Cyclometria. *Hamburgi*, 1527, *in* 4.

1445 Gemmæ Frisii de Arte Cyclognomica Libri. *Antv.* 1569, *in* 4.

1446 Th. Finkii Geometriæ rotundi Libri. *Basil.* 1583, *in* 4.

1447 Jof. Scaligeri Cyclometrica Elementa. *Lugd. Bat.* 1594, *in fol.*

1448 Chrift. Longomontani Cyclometria. *Hafniæ*, 1612, *in* 4.

1449 Ph. Lansbergii Cyclometriæ Libri. *Middelburgi*, 1616, *in* 4.

1450 Ludolphus à Ceulen de Circulo & Adfcriptis. *Lugd. Bat.* 1619, *in* 4.

1451 Will. Snellii Cyclometricus. *Lugd. Batav.* 1621, *in* 4.

1452 Hiftoire des Recherches fur la Quadrature du Cercle, par de Montuclat. *Par.* 1756, *in* 12.

1453 Jo. Buteonis de Quadraturâ Circuli Libri. *Lugd.* 1559, *in* 8.

1454 P. Yvon. & J. Dumbari Circulum Quadrandi & Cubum Duplicandi Modus. *Rup.* 1619, *in* 4.

1455 Jo. Alphonfi nova reperta Geometrica, ed. Nic. Janfonio. *Arnhemii*, 1620, *in* 4.

1456 Difcours Mathém. de l'improbation de la Quadrature du Cercle. 1623, *in* 4.

1457 Chrift. Severini Circuli abfoluta Menfura. *Amft.* 1644, *in-*4.

1458 Solutions mathém. de la Duplication du Cub. & de la Quadrat. du Cercle, par Jouvin. *Paris*, 1658, *in-*4.

1459 Car. Oudard de Quadraturâ Circuli. *Parif.* 1665, *in-*4.

1460 Problême de la Quadrature du Cercle, par Mallement de Meffange. *Paris*, 1686, *in-*12. *fig.*

1461 Quadrature géométrique du fecteur de Cercle. *In-*8.

1462 Traité de la Quadrature du Cercle, par par Baffelin. *Paris*, 1735, *in-*4.

1463 Trigonométrie & Quadrature du Cercle,
par Bacher. *Strasb.* 1740, *in-4.*

1564 Résolution du problême de la Quadrature
du Cercle, par Chardon. (*Paris*), 1746, *in-8.*

1365 Analyse de la Quadrature du Cercle, par
de Fauré. *La Haye,* 1749, *in-4.*

1466 Recueil de Pieces fur la Quadrature du
Cercle, par de Caufans. *In-4.*

1467 Tentamen juxta modum arcus Circuli recti-
ficandi. *Cordubæ,* 1766, *in-12.*

1468 Nueva Trifeccion del angulo, por Juan de
Barrenechea. *En Paris,* 1711, *in-4.*

1469 Car. Mariani de æquali eptipartitione peri-
phæria Circuli. *Romæ,* *in-4.*

Trigonométrie, Logarithmes, &c.

1470 Jo. Regiomantani de Triangulis planis &
fphæricis Libri. *Bafil.* ══ Dan. Sanlbech Problemata Aftronomica & Geometrica. *Bafileæ,*
1561, *in fol.*

1471 Franc. Vietæ Canon mathematicus feu ad
Triangula. *Lut.* 1579, *in-fol.*

1472 Nic. Raymari Urfi fundamentum Aftrono-
micum, feu nova Doctrina Sinuum & Triangulorum, &c. *Argent.* 1588, *in-4.*

1473 Ph. Lansbergi Triangulorum Geometriæ
Libri. *Lugd. Bat.* 1591, *in-4.*

1474 Barth. Pitifii Thefaurus mathematicus,
five Canon Sinuum. *Francof.* 1613, *in fol.*

1475 Canon Sinuum pro Trigonometria Geodæ-
tarum. *Herbip.* 1625, *in-4.*

1476 Beni Urfini Trigonometria & mag. Logar.
Canon. *Colon.* 1625, *in-4.*

1477 Wilbroddi Snellii Doctrina Triangulorum,
ed. Hortenfio. *Lugd. Bat.* 1627, *in-8.*

1478 Jo. Neperi Logarithmorum Canonis Descriptio. *Lugd.* 1620, *in-8.*

1479 Jo. Neperi Arithmetica Logarithmica. *Lond.* 1624, *in-fol.*

1480 La même, trad. & augm. par Ulacq. *Goud.* 1628, 2 *vol. in-fol.*

1481 Neperi Canon Trigonometricum. — Kepleri & Bartschi Tabulæ Logarithmicæ. *Argent.* 1700, *in-8.*

1482 Hen. Gellibrand Trigonometria Britannica. 1632, *in-fol.*

1483 Adr. Ulacci Trigonometria artificialis. *Goudæ,* 1633, *in-fol.*

1484 Trigonometrie canonique, par J. Bapt. Morin. *Paris,* 1633, *in-4.*

1485 Traité de Trigonometrie, par Jac. Hiemius. *Paris,* 1636, *in-8.*

1486 Jo. Bern. Fidati Tabula Sinuum. *Roma,* 1636, *in-8. fig.*

1387 Sethi Wardi Idea Trigonometriæ demonstratæ. *Oxon.* 1654, *in-4.*

1488 Will. Oughtred Trigonometria. *Londini,* 1657, *in-4.*

1489 Nic. Mercatoris Logarithmotechnia, cum Riccii exercit. de maximis & minimis. *Lond.* 1668, *in-4.*

1490 Traité des Triangles rectangles, par Frenicle. *Paris,* 1676, *in-12.*

1491 Mathemathica Tabulæ Logarithmicæ. *Par. in-12.*

1492 Gabr. Mouton Trigonometriæ artificialis, sive magni Canonis Triangulorum, Logarithmici supplementum. *In-fol. mf.*

1493 Table des Sinus & Abrégé de Géométrie, par le Blanc. *Paris,* 1692, *in-12.*

1494 Nouv. Trigonometrie, par Ozanam. *Par.* 1697, *in-12.*

1496 Tables des Sinus, Tangentes & Sécantes, d'Ulacq, données par Ozanam. *Paris,* 1699, *in-8.*

1497 Æ. Strauchii Tabulæ Sinuum, Tangentium, Logarithmorum. *Amst.* 1700, *in-12.*

1498 Jo. Wilson Principia Trigonometriæ. *Lugd. Bat.* 1718, *in* 12. *fig.*

1499 Table des Logarithmes, des Sinus, des Tangentes, par Halley, &c. *Londres,* 1726, *in-8. (en angl.)*

1500 Traité de Trigonométrie rectiligne & sphérique, par Depatcieux. *Paris,* 1741, *in-4.*

1501 Tables des Logarithmes, par Gardiner. *Londres,* 1742, *in-4.*

1502 Les mêmes, trad. *Avign.* 1770, *in-4.*

1503 Tables des Sinus, Tangentes & Sécantes, par Rivard. *Paris,* 1743, *in-8.*

1504 Tables des Logarithmes pour les Sinus & Tangentes, par de la Caille. *Paris,* 1760, *in-12.*

1505 Analyse des mesures, des rapports & des angles, par Walmesley. *Paris,* 1749, *in* 4.

Géométrie-pratique, Planimétrie, Stéréométrie.

1506 De l'usage de Géométrie, par J. Pelletier. *Paris,* 1573, *in-4.*

1507 Pratique universelle de Géométrie, de Jacques Chauvet. *Paris,* 1585, *in-4.*

1508 Géométrie pratique, par Charles de Bovelles. *Paris,* 1555, *in-4.*

1509 Quatro Libri Geometrici di Silvio Belli. *In Venet.* 1595, *in-4.*

1510 Juan de Alcega Libro de Geometria pratica. *En Madrid*, 1589, *in-fol.*

1511 Géométrie des lignes, des supeficies & des corps, par Boulenger. *Paris*, 1630, *in-4.*

1512 Pratique de la Géométrie, par Fr. Besson. *Paris*, 1626, *in-4.*

1513 Géométrie pratique, par Ozanam. *Paris*, 1689, *in-12.*

1514 Libro del modo di dividere le superficie, attrib. a Machometo Bagdedino. *In Pesaro*, 1570, *in-4.*

1515 Traité pour toiser & calculer toutes superficies, par Henrion. *Paris*, 1620, *in-4.*

1516 Méthode pour la mesure des surfaces, par Carré. *Paris*, 1700, *in-4.*

1517 Mesure des surfaces & des solides, par l'Abbé Deidier. *Paris*, 1740, *in-4. fig.*

1518 Ecole des Arpenteurs, par de la Hire. *Paris*, 1728, *in-12.*

1519 Méthode de lever les plans & les cartes. *Paris*, 1693, *in-12. fig.*

1520 Art d'évaluer toutes sortes de toisés, par le Dot. *Paris*, 1690, *in-12.*

1521 Torricellii de Sphærâ & Solidis sphæralibus Libri. *Florentiæ*, 1644, *in 4.*

1522 Richardi Albii Hemisphærium dissectum. *Roma*, 1648, *in 4.*

1523 Joh. Hart. Beyeri Stereometriæ inanium Ratio. *Fraucof.* 1603, *in 4.*

1524 Jo. Kepleri Stereometria doliorum vinariorum. *Lincii*, 1615, *in fol.*

1525 Traité du Jauge universel, par de Blainville. *Rouen*, 1698, *in 12.*

1526 Le même augm. par Hecquet. *Rouen*, 1727, *in 12.*

1527

1527 Traité du Jaugeage , par de Gamaches. *Par.* 1728 , *in* 12.

1528 Méthode pour le Jaugeage des segments des tonneaux , par Pezenas. 1742 , *in* 4.

1529 Théorie & Pratique du Jaugeage des tonneaux , par le même. 1749 , *in* 8.

1530 Traité du Nivellement , par Picard. *Par.* 1684 , *in* 12.

1531 Le même. *Par.* 1728 , *in* 12.

1532 Traité du Nivellement , par Bullet. *Paris ,* 1688 , *in* 12 , *fig.*

1533 Jac. Bernoulli Epistola cum solutione Problematis Isoperimetrici. *Basil.* 1700. == Positiones Arithmeticæ de Seriebus infinitis. *Basil.* 1689 , *in* 4.

1534 Lettres de (B. Pascal) sur le Problême de la Roulette , &c. *Paris ,* 1659 , *in* 4.

1535 Joh. Hassi Problema deliacum de Cubi Duplicatione. *Francof.* 1619 , *in* 4.

1536 Ren. Fr. Stusii Mesolabum. *Leodii ,* 1668, *in* 4.

Sections Coniques & autres Courbes.

1537 Apollonii Pergæi Conicorum Libri , cum Pappi & Eutocii Comment. Sereni Libri de Sectione Coni & Cylindri , lat. *Bon.* 1566 , *in fol.*

1538 Iidem, cum Richardi comment. *Antv.* 1655, *in fol.*

1539 Iidem , gr. lat. ed. Edm. Halleio. *Oxoniæ ,* 1710, *in fol. C. M.*

1540 Apollonii Pergæi de Sectione Rationis & Spatii , ed. Halleis. *Oxonii ,* 1706 , *in* 8.

1541 Ejusdem Locorum planorum Libri, ed. Simson. *Glasguæ ,* 1749 , *in* 4. *C. M.*

N

1542 Mar. Gheraldi Supplementum Apollonii Galli. *Venetiis*, 1607, *in* 4.

1543 Wilebrordi Snelii Apollonius Batavus. *Lugd. Bat.* 1608, *in* 4.

1544 Jo. B. Portæ Curvilineorum Elementa. *Romæ*, 1610, *in* 4.

1545 Mydorgii Conicorum Libri. *Parif.* 1641, *in fol. C. M.*

1546 Greg. à Sancto Vincentio Opus Quadrat. Circuli & Sectionum Coni. *Antuerpiæ*, 1647, *in fol.*

1547 Ejufdem Curvilineorum Contemplatis & Examen Circuli Quadrat. *Lugd.* 1654, *in* 4.

1548 Ejufdem Opus Geometricum pofthumum ad Mefolabium. *Gandavi*, 1668, *in fol.*

1549 Jac. Gregorii Geometr. Pars quantit. Curvarum tranfmut. & menfuræ inferviens. *Patav.* 1668, *in* 4.

1550 N. Méthode pour les Sections Coniques, par de la Hire. *Paris*, 1673, *in* 4.

1551 Ejufdem Sectiones Conicæ. *Parif.* 1685, *in fol.*

1552 Nouv. Elémens des Sections Coniques, par le même. *Paris*, 1701, *in* 12.

1553 Logiftique pour la fcience des Lignes courbes, par Catelan. *Paris*, 1691, *in* 12.

1554 Traité des Sections du Cylindre & du Cone, par le Poivre. *Paris*, 1704, *in* 8.

1555 Traité analytique des Sections Coniques, par de l'Hôpital. *Paris*, 1707, *in* 4.

1556 Colini Maclaurin Geometr. organica, five Defcript. Linearum curvarum univerf. *Lond.* 1720, *in* 4.

1557 Laur. Lorenzinii Exercit. de dimenfione Conicar. Sectionum. *Florent.* 1721, *in* 4.

1558 Guill. Braikenridge Exercit. de defcript. Linearum curvarum. *Lond.* 1733, *in* 4.

1559 Rob. Simfon Sectiones Conicæ. *Edimburgi,* 1735, *in* 4.

1560 Traité contenant le Syftème des Sections Coniques, par J. Muller. *Lond.* 1736, *in* 4. (*en angl.*).

1561 Jo. Bapt. Caraccioli de Lineis curvis Liber. *Pifis,* 1740, *in* 4.

1562 Traité des Sections Coniques, par de la Chapelle. *Paris,* 1750, *in* 8.

1563 Introduction à l'Analyfe des Lignes courbes Algébriques, par Cramer. *Geneve,* 1750, *in* 4.

1564 Elémens des Sections Coniques, par M. Mauduit. *Paris,* 1757, *in* 8.

1565 Introduction aux Sections Coniques, par le même. *Paris,* 1761.══Principes d'Aftromie fphérique, par le même. *Par.* 1765, *in* 8.

1566 Recherches fur les Courbes à double courbure, par Clairaut. *Paris,* 1731, *in* 4.

1567 Jof. Stepling Ungulæ Cylindricæ. *Drefdæ,* 1760, *in* 4.

1568 Tractatus de Quadraturâ Curvarum. *in* 4.

1569 Ant. Lalovera Quadratura Circuli. *Tolofæ,* 1651, *in* 8.

1570 Hugenii Theoremata de Quadraturâ, Hyperboles Ellypfis & Circuli. *Leyd.* 1651, *in* 4.

1571 Quadratures Circulaires Elliptiques, &c. par Clairaut le cadet. *Paris,* 1731, *in*-12.

1572 Explication des Erreurs Newtonnienes fur la génération du Cercle, par de Forbin. *Paris,* 1760, *in*-12.

1573 Joh. Groningii Hiftoria Cycloeidis. *Hamb.* 1701, *in*-12.

1574 Ant. Lalovera veterum Geometria promota in septem de Cycloide Libris. *Tolofæ,* 1660, *in-4.*

1575 Ifm. Bullialdi de Lineis fpiralibus Differtationes. *Parif.* 1657, *in-4.*

1576 Steph. de Angelis de Infinitorum fpiralium menfurâ. *Venet.* 1660, *in-4.*

1577 P. Nicolas de novis fpiralibus Exercitationes. *Tolofæ,* 1693, *in-4.*

1578 Ejufdem de Conchoidibus & Ciffoidibus Exercit. Geomet. *Tolofæ,* 1697, *in-4.*

1579 Jac. Bellogradi Theoria Cochleæ Archimedis. *Parmæ,* 1767, *in-4.*

1580 Guid. Grandi Demonft. Theorematum Hugenianorum circa Logarithmicam lineam. *Florent.* 1701, *in-4.*

ASTRONOMIE.

Prolégomenes, Traités de la Sphére, &c.

1582 Jo. Frid. Weidleri Hiftor. Aftronomiæ. *Vitemb.* 1741, *in-4.*

1583 Ejufdem Bibliographia Aftronomica. *Ibid.* 1755, *in-8.*

1584 Hift. de l'Aftronomie, par Efteve. *Paris,* 1755, 3 *vol. in-*12,

1585 Procli Spæra, gr. lat. ed. Bainbridge. *Lond.* 1620, *in-4.*

1586 Chrift. Clavii in Sphæram Joannis de Sacro Bofco Comment. *Lugd.* 1607, *in-4.*

1587 Jac. Capreoli Sphæra. *Lutetiæ,* 1623, *in-8.*

1588 Traité de la Sphere & de fes parties. *Rouen,* 1631, *in-4.*

1589 Jofephi Blancani Sphæra mundi. *Mutinæ,* 1635, *in-fol.*

1590 Traité de la Sphere, par de Malezieu. *Paris*, 1679, *in*-12.

1591 Nouv. Traité de la Sphere. *Paris*, 1755; *in*-12.

1592 Harmonie des deux Spheres céleste & terreftre, par de Goiffon. *Paris*, 1731, *in*-12.

1593 Le Cofmolabe, par Jacq. Beffon. *Paris*, 1567, *in*-4.

1594 Pontani Tractatus de Globis Cœlefti & Terreftri. *Amftel.* 1617, *in*-4.

1595 Blaeu Inftitutio Aftronomica de ufu Globorum & Sphærarum. *Amftel.* 1655, *in* 8.

1596 Ufage de la Sphere plate. *Au Havre*, 1673, *in*-4.

1597 Ufage des Globes, par Bion. *Par.* 1699, *in*-12.

1598 Le même. *Paris*, 1717, *in*-8. *fig.*

1599 Defcription & Explication des Globes de Marly, par de la Hire. *Paris*, 1704, *in*-8.

1600 Defcription d'une Sphere mouvante, par Pigeon. *Paris*, 1714, *in*-8.

1601 Démonftration du cours du Soleil autour de la Terre, par Mauny. *Paris*, 1727, *in*-12.

1602 Dialogues aftron. fur la Sphere & l'ufage des Globes, par Harris. *Londres*, 1729, *in*-8. (*en angl.*)

1603 Defcription & ufages de la Sphere armillaire, par Saverien. *Paris*, 1750, *in*-12.

1604 Gemmæ Frifii de radio Aftronomico & Geometrico Liber. *Antv. in*-4.

1605 Gerardi Stempelii Aftrolabii Fabrica & Ufus. *Arnhemii*, 1629, *in*-4.

1606 Bened. Hædræi nova & accurata Aftrolabii Geometrici Structura. *Lugd. Batav.* 1643, *in*-12. *fig.*

1607 Ufage des Aftrolabes, par Bion. *Paris,* 1702, *in*-12.

1608 Ufage de l'Aftrolabe, par Dom. Jacquinot. *Paris,* in-4.

Traités généraux d'Aftronomie.

1609 Arati Phænomena, gr. lat. *Oxonii,* 1672, *in*-8.

1610 Ptolomæi, Hermetis, Almanforis, &c. aftronomica Aphoriftica. *Ulm.* 1641, *in*-12.

1611 Claudii Ptolemæi Almageftum. *Bafileæ,* 1541, *in-fol.*

1612 Idem, cum Theonis Alex. commentariis, gr. *Bafileæ,* 1538, *in-fol.*

1613 Ejufdem Opera præter Geogr. *Bafileæ,* 1551. ══ Leovitiæ Eclipfium ab anno 1554, ufque in ann. 1606, Defcriptio. *Aug. Vind.* 1556. ══ Seb. Foxii in Platonis Libros de Republicâ Comment. *Bafil.* 1556, *in-fol.*

1614 Ptolemæi Mathematicæ conftructionis Libri, ed. Reinholt. *Lutet.* 1560. ══ Jac. Cheynei de Sphærâ & de Geographiâ Libri. *Duaci,* 1575. ══ Gemme Phyficæ de Orbis divifione Opus. *Duaci,* 1576, *in*-8.

1615 Manilii Aftronomicon, ex recenf. & cum notis Bentleii. *Lond.* 1739, *in*-4. *C. M.*

1616 Julii Firmici Aftronomicon Libri, per Nicol. Prucknerum. *Bafileæ,* 1533, *in-fol.*

1617 Nic. Copernici de Revolutionibus Orbium cœleftium Libri. *Bafil.* 1566, *in-fol.*

1618 Ejufdem Aftronomiæ inftauratæ Libri, ed. Nic. Mulero. *Amftel.* 1617, *in*-4. *m. r.*

1619 Agones Mathematici ad arcem Coperniani fyftematis. *Parif.* 1663, *2. vol. in*-4.

1620 Tychonis Brahe Aftronomiæ inftauratæ Mechanica. *Noribergæ*, 1602, *in-fol.*

1621 Ejufdem Aftronomiæ inftauratæ Progymnafmata. *Uraniburgi*, 1610, 2 *vol. in-4.*

1621 * Ejufdem Vita fcript. P. Gaffendo. *Parif.* 1654, *in-4.*

1622 Difefa di Scip. Chiaramonti al fuo Anticone e Libro delle tre nuove Stelle. *In-4.*

1623 Jo. Kepleri Aftronomia αιτιολογιῖὸς, trad. Comm. de motibus Stellæ Martis, ex obf. Tychonis Brahe. *Pragæ*, 1616, *in-fol.*

1624 Ejufdem Aftronomiæ Copernicanæ Epitomes. *Lentii*, 1620, *in-8.*

1624 * Eadem. *Franc.* 1635, 2 *vol. in-12.*

1625 Guid. Ubaldi Problematum Aftronomicorum Libri. *Venetiis*, 1609, *in fol.*

1626 Rod. Goclenii Urania Aftronomia & Aftrologia. *Froncof.* 1615, *in-12.*

1627 Baranzani Uranofcopia. *Colon.* 1617, *in-4.*

1628 Opere del Galileo. *In Bologna*, 1656, 2 *vol. in-4.*

1629 Il Saggiatore di Galileo. *In Roma*, 1623, *in-4.*

1630 Chr. Longomontani Aftronomia Danica. *Amftel.* 1622, *in 4.*

1631 Eadem. *Amftel.* 1640, *in fol.*

1632 Adr. Metii Exercitationes Aftronomicæ. *Franequeræ*, 1630, *in 4.*

1633 Ejufdem primum Mobile de Doctrinâ Sphæricâ, Aftrologiâ & Aftronomiâ. *Amft.* 1633, *in fol.*

1634 Jo. Bapt. Riccioli Almageftum novum. *Bononiæ*, 1651, 2 *vol. in fol.*

1635 Ejufdem Aftronomia reformata. *Ibidem*, 1665, *in fol.*

1636 P. Gassendi Institutio Astrono. juxta Hypotheses Veterum, Copernici & Tychonis. *Parisiis*, 1647, *in* 4.

1637 Eadem. *Hagæ Com.* 1656, *in* 4.

1638 Ismaelis Bullialdi Astronomia Philolaica. *Parif.* 1645, *in fol.*

1639 P. Courcier Astronomia Practica. *Nanceii*, 1655, *in* 8.

1640 Sethi Wardi Astronomia Geometrica. *Lond.* 1656, *in* 8.

1641 Jo. B. du Hamel Astronomia Physica. *Parisiis*, 1660, *in* 4.

1642 Ph. Lansbergii Opera. *Midel.* 1663, *in fol.*

1643 Vin. Ving Astronomia Britannica. *Lond.* 1669, *in fol.*

1644 Nic. Mercatoris Institutiones Astronomicæ. *Lond.* 1676, *in* 8.

1645 Jer. Horroccii Opera Astronomica. *Lond.* 1678, *in* 4.

1646 Wiston Prælectiones Astronomiæ. *Cantab.* 1707, *in* 8.

1647 Æg. Strauchii Astrognosia. *Witteberga*, 1669, *in* 12.

1648 Dav. Gregorii Astronomiæ Physicæ & Geometricæ Elementa. *Oxon.* 1702, *in fol. C. M.*

1649 Eadem. *Geneva*, 1726, 2 *vol. in* 4.

1650 Jo. Chr. Sturmii Astronomia Theorica & Sphærica. *Norimb.* 1708, *in fol.*

1650* Keill Introductio ad Astronomiam. *Oxon.* 1718, *in* 8.

1651 Institutions Astronomiques, par M. le Monnier. *Paris*, 1746, *in* 4.

1652 Leçons d'Astronomie, par de la Caille. *Paris*, 1746, *in* 8.

1653 Les mêmes. *Paris*, 1755, *in* 8. *fig.*

1654 Aftronomie, par M. de la Lande. *Paris,* 1764, *2 vol. in* 4. *fig.*

1655 Idée de l'Aftronomie, par Dicquemare, *Paris,* 1769, *in* 8. *fig.*

1656 Doppelmaieri Atlas Cœleftis. *Norimbergæ,* 1742, *in fol. G. P.*

Traités particuliers d'Aftronomie.

1657 Jo. Keppleri Differtatio, cum Galilæi nun-tio fidereo. *Pragæ,* 1610, *in* 4.

1658 Eadem. *Francof.* 1611, *in* 8.

1659 Épiftolæ ad Jo. Kepplerum, & ejufdem Refponfiones, ed. Gottlieb Hanfchio. 1718, *in fol.*

1660 Jo. Er. Othoffii Excerpta è Litteris ad He-velium de rebus Aftronomicis. *Ged.* 1683, *in* 4.

1661 Chr. Hugenii Opera, coll. s'Gravefande. *Lugd. Bat.* 1724, *2 vol. in* 4. *fig. C. M.*

1662 Chr. Hugenii Kofmotheopos, five de Ter-ris cœleftibus, earumque ornatu Conjecturæ. *Hagæ,* 1698, *in* 4.

1663 Chr. Hugenii Opera pofthuma. *Lugd. Bat.* 1703, *in* 4. *fig.*

1664 P. Horrebowii Clavis, Atrium & Bafis Af-tronomiæ. *Hauniæ,* 1725, *in* 4.

1665 Verbieft Aftron. Europea apud Sinas, ex umbrâ in lucem revocata. *Dilingæ,* 1687, *in* 4.

1666 Mémoires de Chefeaux fur l'Aftronomie. *Laufanne,* 1754, *in* 4.

1667 Explicat. des Signes du Zodiaque, des Pla-netes & des Conftellations, par Lartigaut. *Par.* 1716, *in* 12.

O

Sur les Planetes.

1668 Munsteri Organum Uranicum. *Basileæ,* 1536. == Fernelii Cosmotheoria. *Parisiis,* 1528, *in fol.*

1669 Th. Diggesei Alæ, seu Scalæ Mathematicæ. *Londini,* 1573, *in 4.*

1670 Jo. Ant. Magini novæ cœlestium orbium Theoriæ. *Mogunt.* 1608, *in 4.*

1671 Schyrlei de Reita Radius sydereo-mysticus de Planetarum motibus. *Antuerpiæ,* 1645, *in fol.*

1672 G. Purbarchii Theorica Planetarum, ed. Reinholdo. *Paris.* 1558, *in 8.*

1673 Explication du mouvement des Planetes, par Ph. Villemot. *Lyon,* 1707, *in 12.*

1674 Joh. Phil. à Wurzelbau Uranies Noricæ Basis Astronomica. *Norimb.* 1719, *in fol.*

1675 Leon. Euleri Theoria motuum Planetarum & Cometarum. *Berolini,* 1744, *in 4.*

1676 Recherches sur l'altération du mouvement des Planetes, par Bossut. *Charleville,* 1766, *in 4.*

1677 Hevelii Mercurius in Sole visus, cum Horroxii Venere in Sole visâ. *Gedani,* 1662, *in fol.*

1678 Chr. Kirchii Transitus Mercurii per Solem. *Berolini,* 1719, *in 4.*

1679 Franc. Blanchini Observat. circa Planetam Veneris. *Romæ,* 1728, *in fol. fig.* C. M.

1680 Mém. sur le choix & l'état des lieux où le Passage de Vénus du 3 Juin 1769 pourra être observé avec plus d'avantage, par M. Pingré. *Paris,* 1767, *in 4.*

1681 Dom. Cassini Tabulæ, quotidianæ revolutionis macularum Jovis. *Romæ,* 1666, *in fol.*

1682 Jo. Al. Borelli Theoricæ Mediceorum Planetarum. *Florentiæ*, 1666, *in* 4.

1683 Rog. Boscovich de Inæqualitatibus Saturni & Jovis. *Romæ*, 1756, *in* 8. *fig.*

1684 Hugenii Systema Saturnium. *Hagæ Comit.* 1659, *in* 4.

1685 Raguaglio di Offervazioni alla Stella di di Saturno, da Gi. Campani. *In Roma*, 1664, *in* 8.

1686 Lettre sur les mêmes, par Auzout. *in* 4.

1687 God. Heinsii de apparentiis annuli Saturni Commentatio. *Lipsiæ*, 1745, *in* 4.

1688 Découverte de deux nouv. Planetes autour de Saturne, par Cassini. *Paris*, 1673, *in fol.*

Sur le Soleil & la Lune.

1689 Aristarchus de magnitudinibus & distantiis Solis & Lunæ. *Pizauri*, 1572, *in* 4.

1690 Idem, gr. lat. ed. Wallis. *Oxon.* 1688, *in* 8.

1691 Georg. Christ. Eimmarti Ichnographia contemplationum de Sole. *Norimb.* 1701, *in fol.*

1692 P. Gaffendus de apparente magnitudine Solis humilis & sublimis. *Paris.* 1642, *in* 4.

1693 Gabr. Mouton Observationes Diametrorum Solis & Lunæ apparentium. *Lugd.* 1670, *in* 4.

1694 Jo. Bapt. Riccioli geographicæ Crucis Fabrica & Usus. *Bon.* 1643, *in fol.*

1695 Scientia Eclipsium ex imperio & commercio Sinarum illustrata, ed. PP. Simonelli, Kegler & à Briga. *Romæ*, 1747, *in* 4.

1696 Rog. Josephi Boscovich de Solis ac Lunæ defectibus Libri. *Lond.* 1760, *in* 4.

1697 Iidem. *Venetiis*, 1761, *in* 8.

1698 Iftoria e Dimonft. intorno alle macchie So-
lari, di Galileo. *In Roma*, 1613, *in* 4.

1698 * De maculis Solaribus, & Stellis circa Jo-
vem errantibus Difquifitio. *Aug. Vind.* 1612,
in 4.

1699 Chrift. Scheiner Rofa Urfina, five Sol mobilis. *Braniani*, 1630, *in fol.*

1700 Ejufdem Refractiones cœleftes, five Solis
elliptici Phænomenon. *Ingolftadii*, 1617, *in* 4.

1701 Les Aftres de Borbon, & Apologie pour
le Soleil, par J. Tarde. *Paris*, 1623, *in* 4.

1702 Car. Malapertii Auftriaca Sydera, Helio-
cyclica, Aftron. Hypoth. illigata. *Duaci*, 1633,
in 4.

1703 Bourdin Sol flamma. *Parif.* 1656, *in* 8.

1704 De Atmofphæra Solis, & Experim. Phyfic.
Scriptoribus Differtat. *Tubingæ*, *in* 4.

1705 Lettres pour raffurer contre les bruits d'un
dérangement du cours du Soleil. *Par.* 1736,
in 12.

1706 Scip. Claromontani Opufcula Mathemat.
(de Phafibus Lunæ). *Bononiæ*, 1653, *in* 4.

1707 Joh. Hevelii Selenographia. *Gedani*, 1647,
in fol. fig.

1708 Loix du mouvement de la Lune, par Jean
Machin. *in* 8. (*en angl.*)

1709 Théorie de la Lune, par Clairaut. *Paris*,
1765, *in* 4.

1710 Théorie du mouvement des Apfides de la
Lune, par Walmesley. *Paris*, 1749, *in* 8.

1711 Réflexions fur la même, par d'Arcy. 1749,
in 8.

1712 Difcours fur le Parallaxe de la Lune, par
de Maupertuis. *Paris*, 1741, *in* 8.

1713 Jo. Keppleri Somnium, five Opus pofth.

de Aftronomiâ Lunari. *Francofurti*, 1634, *in* 4.

Traités fur les Cometes.

1714 Jo. Hevelii Defcriptio Cometæ. *Gedani*, 1666, *in fol.*

1715 Ejufdem Cometographia. *Ibid.* 1668, *in fol.*

1716 Stan. de Lubienietz Theatrum Cometicum. *Amftel.* 1668, *in fol.*

1717 J. Keppleri de Cometis Libri. *Aug. Vind.* 1619, *in* 4.

1718 Car. Pifonis Phyficum Cometæ Speculum. *Muffiponti*, 1619, *in* 8.

1719 Th. Fieni de Cometâ anni 1618 Differtationes. *Antv.* 1619, *in* 8.

1720 Scip. Claramontii de fede fublunari Cometarum Opuf. *Amft.* 1636, *in* 4.

1721 Gaft. Pardies de motu & naturâ Cometarum Differtatio. *Burdigalæ*, 1665, *in* 4.

1722 Difcours fur les Cometes fuivant les principes de Defcartes. *Paris*, 1665, *in* 12.

1723 Differtation fur la nature des Cometes, par P. Petit. *Paris*, 1665, *in* 4.

1724 Jac. Bernoulli Conamen novi fyftematis Cometarum. *Amft.* 1682, *in* 8.

1724* Lettre fur la Comete, par de Maupertuis. 1742, *in* 12.

1725 Théorie des Cometes, par M. le Monnier. *Paris*, 1743, *in* 8.

1726 Théorie du mouvement des Cometes, par Clairaut. *Paris*, 1760, *in* 8.

1727 Entretiens fur les Cometes. 1747, *in* 12.

1728 Phyfique des Cometes, par le P. Berthier. *Paris*, 1760, *in* 12.

1729 Will. Snellii Descriptio Cometæ anni 1618.
Lugd. Bat. 1619, *in* 4.

1730 Observations sur la Comete de 1680 &
1681, par de Fontaney. *Paris*, 1681, *in* 12.

1731 Abregé des Observations sur la Comete
de 1680 & 1681, par Cassini. *in* 4.

1732 Traité de la Comete de 1743 & 1744, par
de Chesaux. *Lauf.* 1744, *in* 8.

1733 Mémoires sur la Comete de 1531, 1607,
1682, & que l'on attend en 1757 ou 1758,
par T. Jamart. *Paris*, 1757, *in* 4.

Sur les Etoiles fixes.

1734 Albategnii de scientiâ Stellarum Liber,
cum addit. Regiomontani. *Bonon.* 1645, *in* 4.

1735 Ulugh Beighi Tabulæ fixarum Stellarum,
Perf. & Lat. ed. Th. Hyde. *Oxon.* 1665, *in* 4.

1736 Grienbergeri Catalogus veteres Stellarum
fixarum longit. ac latit. cum novis conferens.
1612, *in* 4.

1737 Joh. Bayeri Uranometria, five Asterismo-
rum Schemata. *Aug. Vind.* 1603, *in fol.*

1738 Ejusdem Explicatio characterum Urano-
metrias. *Aug. Vind.* 1654, *in* 4.

1739 Jac. Bartschii Planisphærium Stellatum, ed.
Goldmayero. *Norimb.* 1662, *in* 4.

1740 Ph. Cæsii à Zezen Cœlum Astronomico-
Poeticum. *Amst.* 1662, *in* 8.

1741 Cartés du Ciel, par Royer. *Paris*, 1679,
in 12.

1742 Edm. Hallei Catalogus Stellarum Austra-
lium, suppl. Catalogi Tychonis. *Lond.* 1679,
in 4.

1743 Le même. *Paris*, 1679, *in* 12.
1744 Nic. Lud. de la Caille Astronomiæ Fundamenta, Tabulæ Solares & Cœlum Australe stelliferum. *Parif.* 1757, 2 *vol. in* 4.
1745 Guill. Postelli Signorum cœlestium vera Configuratio. *Parifiis*, 1553, *in* 4.
1746 Jo. Keppleri de Stellâ novâ in pede Serpentorii, Liber. *Pragæ*, 1606, *in* 4.
1747 Horrebow Copernicus triumphans. *Hauniæ*, 1727, *in* 4.
1748 Discours sur les différentes figures des Astres, par de Maupertuis. *Paris*, 1732, *in* 8.
1749 Le même. *Paris*, 1742, *in* 8.
1750 Eust. Manfredus de annuis inerrantium Stellarum aberrationibus. *Bonon.* 1729, *in* 4.
1751 Traité complet sur l'aberration des Etoiles fixes, par des Crutes. *Paris*, 1744, *in* 8.

Observations.

1752 Keppleri ad Vitellionem Paralipom. quibus Astron. pars Optica traditur. *Francof.* 1604, *in* 4.
1753 Tychonis Brahe Hist. Cœlestis. *Aug. Vind.* 1666, 2 *vol. in fol. m. r.*
1754 Jo. Hevelii Machina Cœlestis. *Gedani*, 1673, *in fol.*
1755 Ejusdem Annus Climactericus. *Ibid.* 1685, *in fol.*
1756 Jo. Flamsteedii Hist. Cœlestis Britannica, & Atlas Cœlestis. *Lond.* 1725, 4 *vol. in fol.*
1757 Hist. Céleste, ou Recueil d'Observat. Astronom. par M. le Monnier. *Par.* 1741, *in* 4.
1758 Stancarii Schedæ Mathemat. & Observationes Astronom. *Bonon.* 1713, *in* 4. *fig.*

1759 P. de Peralta Obſervationés Aſtronomicæ. *Limæ, 1717, in 4.*

1760 Chr. Kirch Obſervationes Aſtronomicæ. *Berolini, 1730, in 4.*

1761 Blanchini Obſervationes Aſtron. & Geogr. ed. Manfredo. *Veronæ, 1737, in fol.*

1762 Jo. Frid. Weidleri Theſes & Obſervationes Aſtronomicæ. *Vittembergæ, in 4.*

1763 Obſervations de la Lune, du Soleil, &c. par M. le Monnier. *Paris, 1751, in fol.*

Ephéméŕides.

1763 * Expoſition du Calcul Aſtronomique, par M. de la Lande. *Paris, 1762, in 8.*

1764 Jo. Stoeffleri Ephemerides ab anno 1544 ===1556. *Tubingæ, 1548, in 4.*

1765 P. Petiti Almanach & Ephemerides ab anno 1552===1562. *Ibid. in 4.*

1766 Jo. Sradii Ephemerides ab anno 1554=== 1570. *Coloniæ, 1556, in 4.*

1767 Eædem repurgatæ & auctæ, ab anno 1554 ===1600. *Ibi. 1570, in 4.*

1768 Jo. Keppleri Ephemerides ab anno 1617 ===1636. *Lincii, 1630, in 4.*

1769 Nat. Duret Ephemerides Richelianæ ab anno 1637===1651. *Pariſ. 1642, in 4.*

1770 Fr. Montobruni Ephemerides ab anno 1641 ===1658. *Bononiæ, 1650, in 4.*

1771 Jo. Heckeri Ephemerides ab anno 1666 ===1680. *Pariſ. 1666, in 4.*

1772 Gottfridi Kirchii Ephemerides ab anno 1681===1692. *Lipſiæ, in 4.*

1773 A. Argoli Ephemer. ab anno 1621===1700. *Venet. & Lugd. 1623 ; 1677, 4 vol. in 4.*

1774

1774 Ph. de la Hire Reg. Scient. Acad. Ephemerides ab anno 1701==1711. *Par.* 1701, *in-4.*

1775 Ephémérides depuis 1702==1715, par de Beaulieu (Desforges.) *Paris,* 1703, *in-4.*

1776 Fl. Mezzavana Ephemerides ab anno 1701 ==1720. *Bonon.* 1701, 2 *vol. in-4.*

1777 Euft. Manfredi Ephemerides ab anno 1715 ==1750. *Bonon.* 1715. 1725, 2 *vol. in-4.*

1778 Ephémérides depuis 1725==1774, par Defplaces & de la Caille. *Paris,* 1716 *& fuiv.* 5 *vol. in-4.*

1779 Malvafiæ Ephemer. motuum cœleftium, cum Caffini Ephemer. Solis. *Mutinæ,* 1662, *in-fol.*

1780 Ephemer. Bononienfes ex hypothefibus Dom. Caffini. *Bonon.* 1668, *in-fol.*

1781 Max. Hell Ephemerides Aftronomicæ an. 1761 & 1762. *Vindob.* 2 *vol. in-8.*

1782 Connoiffance des temps jufqu'en 1772. 80 *vol. in-8.*

1783 Etat du Ciel. 30 *vol. in-8. & in-12.*

Tables Aftronomiques.

1784 Alphonfi Hifp. Regis Tabulæ, cum Gaurici caftigationibus. *Venet.* 1522, *in-4.*

1785 Eædem. *Parifiis,* 1555, *in-4.*

1786 Blanchini, Prugneri, Peurbachii, fummarium & motus Planetarum Tabulæ. *Bafilea,* 1553, *in fol.*

1787 Ptolemæi, Alfonfi, Copernici & Tychonis Brahe, Tabulæ frificæ lunæ folares. *Alcmaria,* 1611, *in-4.*

1788 Erafmi Reinholdi Prutenicæ Tabulæ cœleftium motuum. *Tubingæ,* 1551, *in-4.*

1789 Femelii Tabulæ fynopticæ pro eliciendis

veris locis Planetarum ex Prutenicis. *Viteb.* 1599, *in-4.*

1790 Vinc. Renerii Tabulæ Medicæ fecundorum Mobilium. *Florent.* 1639, *in-fol.*

1791 Nat. Durret Suppl. Tabularum Richelianarum. *Parif.* 1639, *in-fol.*

1792 Jo. Kepleri Tabulæ Rudolphianæ. *Ulmæ,* 1627, *in-fol.*

1793 Jo. Bapt. Morini Tabulæ Rudolphinæ. *Paris,* 1650, *in-4.*

1794 Mart. Canitz Urania propitia, feu Tabulæ Aftronomicæ. *Bicini,* 1650, *in-fol.*

1795 And. Argoli Tabulæ mediorum motuum Solis & Lunæ. *In-4.*

1796 Tables Aftronomiques, de Pagan. *Paris,* 1681, *in-4.*

1797 Ang. Capelli Aftrofophia numerica, & Suppl. *Venet.* 1733, 1738, 2 *vol in-4.*

1798 Ph. de la Hire Tabulæ Aftronomicæ. *Par.* 1702, *in-4.*

1799 Les mêmes. *Paris,* 1735, *in-4.*

1800 Edmundi Halley Tabulæ Aftronomicæ. *Londini,* 1749, *in-4.*

1801 Tables du Soleil & de la Lune, de Halley, par de Chappe d'Auteroche. *Par.* 1754, *in-8.*

1802 Tables de Halley pour les Planetes & les Cometes, par de Lalande. *Paris,* 1759, *in-8.*

1803 Lettres de de Lisle fur les mêmes découvertes de Barros. 1751, *in-12.*

1804 Tables de la Lune, par Clairault. *Paris,* 1754, *in-8.*

1805 Tob. Mayeri Tabulæ motuum Solis & Lunæ. *Lond.* 1770, *in-4.*

1806 Effai fur la Théorie des Satellites de Jupiter, par Bailly. *Paris,* 1766, *in-4.*

1807 Réveil - matin des Mathématiciens, par
Bertrand. 1674 , *in-* 8.

Gnomonique.

1808 Chrift. Clavii Gnomonices Libri. *Romæ*,
1581 , *in-fol.*

1809 Ath. Kircheri Ars magna Lucis & Umbræ.
Romæ, 1646 , *in-fol.*

1809 * Eman. Maignan Perfpectiva horaria.
Romæ, 1648 , *in-fol.*

1810 Almanach pour trouver l'heure par tous les
degrés de hauteur du Soleil. *Par.* 1770 , *in-*4.

1811 Machines propres à faire les Cadrans ; par
Pardies. *Paris*, 1673 , *in-*12.

1811 * Traité d'Horlogiographie, par de Sainte-
Marie-Magdelaine. *Lyon*, 1674 , *in-*12. *fig.*

1812 Nouv. Méthode pour tracer les Cadrans
folaires. *Paris*, 1679 , *in-*12.

1813 La Gnomonique, ou l'Art de tracer des
Cadrans. *Paris*, 1690 , *in-*12.

1814 La Gnomonique ; par de la Hire. *Paris*,
1698 , *in-*12.

1815 La Gnomonique ; par Richer. *Paris*, 1701 ,
*in-*8.

1816 La Gnomonique , par Dom Bedos. *Paris*,
1760 , *in-*8. *fig.*

1817 La Meridiana del tempio di S. Petronio
reftaurata, di Caffini. 1695 , *in-fol.*

1818 Euft. Manfredi de Gnomone Meridiano.
Bonon. 1736 , *in-*4.

1819 Del Gnomone Fiorentino e delle Offervaz.
Aftron. fatte nel verificarne la conftruzzione,
Libri , di Leon. Ximenes. *In Firenze*, 1757 ,
*in-*4.

1820 Crist. Hugenii Horologium oscillatorium. *Paris*, 1673, *in-fol.*

1821 Traité d'Horlogerie, trad. de l'angl. de Derham. *Paris*, 1731, *in-12. fig.*

1822 Traité des Horloges, par D. Jac. Alexandre. *Paris*, 1734, *in-8. fig.*

1823 Traité d'Horlogerie, par Thioust. *Paris*, 1741, 2 *vol. in-4. fig. m. r.*

1824 Essai sur l'Horlogerie, par Berthoud. *Par.* 1763, 2 *vol. in-4. fig.*

1825 Traité de la Pendule à Cycloïde, par Baert. *Marseille*, 1684, *in-4.*

1826 Regle artificielle du temps, par H. Sully. *Paris*, 1717, *in-8.*

1827 La même, augm. par Jul. le Roy. *Paris*, 1737, *in-12. fig.*

1828 Descript. d'une Horloge pour la mesure du temps sur mer, par H. Sully. *Paris*, 1726, *in-4.*

1829 Description de plusieurs ouvrages d'Horlogerie, par le Paute. *In-12.*

1830 Recueil de pieces sur les Ouvrages d'Horlogerie de Rivrez. *In-4.*

1831 Pieces de MM. le Paute & Caron, au sujet d'un échappement. *In-4. & in-8.*

1832 Voyage de M. Cassini pour éprouver les montres marines de M. le Roi. *Paris*, 1770, *in-4. fig.*

1833 Remarques sur la construction d'une nouvelle Clepsydre, par Amontons. *Paris*, 1695, *in-12.*

Navigation, &c.

1834 Dict. des Termes de Marine, par Desroches. *Paris*, 1687, *in 8. fig.*

1835 Dict. de Marine. *Amst.* 1732, *in* 4. *fig.*

1836 Autre, par Saverien. *Paris,* 1758, *2 vol. in 8.*

1837 Recherches sur la Construction des Navires des Anciens, par le même. *Paris, 1747, in 4.*

1838 Essais sur la Marine des Anciens, par Deslandes. *Paris,* 1748, *in* 12. *fig.*

1839 Hydrographie, par Fournier. *Paris,* 1667, *in fol.*

1840 Il Trono di Neptuno illustrato dal Jac. Belgrado. *In Cesena,* 1766, *in* 4. C. M.

1841 Le petit Flambeau de la mer, par Bougard. *Au Havre,* 1691, *in-4.*

1842 Traité de la Navigation, par J. Bouguer. *Paris,,* 1698, *in-4.*

1843 Nouv. Traité de Navigation, par P. Bouguer. *Paris,* 1753, *in-4.*

1844 Abrégé du même, par de la Caille. *Paris,* 1760, *in-8. fig.*

1845 Trésor de Navigation, par Blondel de l'Aubin. *Au Havre,* 1680, *in-4.*

1846 Le Pilote Expert. *In-4.*

1847 Abrégé du Pilotage. *Brest.* 1685, *in-12.*

1848 N. Principes de Navigation, par Charles Herubel. *Au Havre,* 1709, *in-8.*

1849 Remarques sur la Navigation, par de Radouay. *Paris,* 1727, *in-4.*

1850 Pratique des Matelots, par Richard Norwood. *Lond.* 1732, *in-4. (en angl.)*

1851 Introduzione all' arte Nautica. *In Vineg.* 1737, *in-4.*

1852 Astronomie Nautique, par de Maupertuis. *Paris,* 1743, *in-4.*

1853 Euler Scientia Navalis. *Petropoli,* 1749, *2 vol. in-4.*

1854 Astronomie des Marins, par Pezenas. *Avignon*, 1766, *in-8.*

1855 Méthode de naviger, par N. Corruble. *Dieppe*, 1583, *in-4.*

1856 Guidon de la Navigation, ou Traité du mouvement de la mer & des vents. *Paris*, 1666, *in-4.*

1857 Traité des Instrumens propres à observer les astres sur mer, par Saverien. *Paris*, 1752, *in-12.*

1858 Dissertatione meccanica di Strumenti che posson servire alla giusta stima del Viaggio maritimo, di Leon. Ximenes. *In Firenze*, 1752, *in-8.*

1859 Remarques sur la méthode d'observer sur mer la déclinaison de l'aiguille aimantée, par Bouguer. *In-12.*

1860 Le nouv. Quartier Anglois, par d'Apres de Mannevillette. *Paris*, 1739, *in-12.*

1861 Tables Loxodromiques de Murdoch, trad. par de Bremond. *Paris*, 1742, *in-8.*

1862 Art de mesurer sur mer le sillage d'un vaisseau, par Saverien. *Paris*, 1750, *in 8.*

1863 Jo. Bapt. Morini Astronomia jam a fundamentis restituta. *Parisiis*, 1640, *in-4.*

1864 Méthode de déterminer les longitudes par les observations des Satellites de Jupiter, par Cassini. *In-8.*

1865 Découvertes des longitudes, par de la Jonchere. 1730, *in-8.*

1866 Autre, par de la Drevetiere. *Paris*, 1740, *in-12.*

1867 Vrai Secret des longitudes, découvert par Seguin. *Rennes*, 1737, *in-4.*

1868 Mém. sur l'observation des longitudes en

mer, par M. de Charnieres. *Par. Impr. Roy.*
1767, *in*-8.

1869 Lettres fur la conſtruction des vaiſſeaux,
par Deslandes. *In*-12.

1870 Art de bâtir les vaiſſeaux. *Amſterd.* 1719,
in-4.

1871 Traité du navire, de ſa conſtruction, &c.
par Bouguer. *Paris*, 1746, *in*-4.

1872 La Mâture diſcutée & ſoumiſe à de nouvelles loix, par Saverien. *Paris*, 1747, *in*-8.

1873 Théorie de la manœuvre des vaiſſeaux,
par Reneau. *Paris*, 1689, *in*-8. *fig.*

1874 Eſſai d'une nouvelle Théorie de la manœuvre des vaiſſeaux, par Bernoulli. *Baſle*,
1714, *in*-8. *fig.*

1875 Théorie de la manœuvre des vaiſſeaux,
par Pitot. *Paris*, 1731, *in*-4.

1876 Théorie de la manœuvre des vaiſſeaux,
par Saverien. *Paris*, 1745, *in*-12.

1877 De la manœuvre des vaiſſeaux, par Bouguer. *Paris*, 1757, *in*-4. *fig.*

1878 Nouv. Méthode pour pomper le mauvais
air des vaiſſeaux, &c. *Paris*, 1749, *in*-12.

1879 Art de la Corderie, par du Hamel du Monceau. *Paris*, 1747, *in*-4. *fig.*

1880 Traité des propriétés du Spalme, pour les
bâtimens de terre & de mer. *Paris*, 1753, *in*-8.

Aſtrologie.

1881 Rantzovii Catalogus Imperatorum, Regum, &c. qui Aſtrologiam amarunt. *Antv.*
1580, *in*-8.

1882 Corn. Scepperi Aſſertio fidei adverſus Aſ-
trologos. *Antv.* 1524. == Bedæ Opuſcula de
temporum ratione, de natura rerum, &c.

Colon. 1537. === Sev. Boethii Arithmetica.
Parif. 1521, *in-fol.*

1883 Val. Nabod Enarratio Elementorum Aftrologiæ. *Colon.* 1560, *in-4.*

1884 Sixti ab Emminga Aftrologiæ ratione &
experientia refutatæ Liber. *Antverpiæ,* 1583,
in-4.

1885 Chr. Pezelii Præcepta Genethliaca. *Franc.*
1607, *in-4.*

1886 Alex. de Angelis in Aftrologos Libri. *Lugd.*
1615, *in-4.*

1887 Oth. Henr. Bachmair Aftrologia facra.
Ingolft. 1616, *in-4.*

1888 Remarques Aftrologiques de Jean-Bapt.
Morin. *Paris,* 1657, *in-4.*

1889 Fr. Allæi (Yvonis Cap.) Aftrologiæ nova
methodus : ejufdem fatum univerfi. *Rhedonis,*
1658, *in-fol.*

1890 Aftrologie naturelle du Comte de Pagan.
Paris, 1659, *in-8.*

1891 Jo. B. Morini Aftrologia Gallica. *Hagæ
Comitum.* 1661, *in-fol.*

1892 Difcours fur les influences des Aftres. *Par.*
1671, *in-12.*

1893 Differtat. fur l'influence des Aftres fur les
corps. *Padoue,* 1757, *in-4.*

1894 Prophéties de Noftradamus. *Lyon,* 1555,
in-12.

1895 Artemidori & Achmetis Oneiro critica,
gr. & lat. ed. Rigaltio. *Lutetiæ,* 1603, *in-4.*

1896 Jo. Indagine Introductiones in Chyroman-
tiam, &c. *Lugd.* 1556, *in-8.*

1897 Della Fifionomia del' Huomo, di Giov.
Bapt. Porta. *In Venet.* 1644, *in-4.*

1898 Idem, latinè. *Rothom.* 1650, *in-8.*

1899 Ph. Phinella de Methopoſcopiâ Aſtrono-
micâ. *Antv.* 1650, *in-8.*

1899 * Joh. Fred. Helvetii Microſcopium Phy-
ſiognomiæ medicum. *Amſtel.* 1676, *in-8.*

1900 Lettres philoſophiques ſur les Phyſiono-
mies. *La Haye,* 1748, *in-12.*

1901 La Chiromance de Tricaſſe. *Paris,* 1561,
in-8.

1901 Diſcours ſur les principes de la Chiroman-
cie, par de la Chambre. *Paris,* 1653, *in8.*

1903 La Géomance, de Chriſt. de Cattan. *Par.*
1558, *in-4.*

Perſpective, Optique, &c.

1904 Ptolemæi Planiſphærium, cum comment.
Commandini. *Venetiis,* 1558. ═══ Ejuſdem
Liber de centro gravitatis ſolidorum.═══Archi-
medis de iis quæ vehuntur in aquâ, Libri. *Bon.*
1565, *in-4.*

1905 La Proſpettiva di Euclide, trad. dal Egn.
Danti. *In Firenʒa,* 1573. ═══ Heliodori Capita
Opticorum, gr. lat. & ital. *Ibid.* 1573. ═══ M.
Ant. de Dominis Tractatus de radiis viſus &
lucis in Iride. *Venet.* 1611, *in-4.*

1906 Jo. Archiæpiſcopi Cantuar. Perſpectiva.
Venet. 1504. ═══ Cl. Ptolomæi Geographiæ
Liber. *Nuremb.* 1514. ═══ Vallæ Comment. in
Ptolomeum, & Ciceronis Tuſculanas Quæſ-
tiones, & Plinii Nat. Hiſt. Librum ſecundum.
Venet. 1502, *in fol.*

1907 Guid. Ubaldi Perſpectivæ Libri. *Piſauri,*
1600, *in-fol.*

1908 Regole della Proſpettiva practica, di Jac.
Barozzi. *In Roma,* 1611, *in-fol.*

Q

1909 Franc. Maurolyci Theoremata de Lumine & Umbrâ. *Lugd.* 1613, *in-4.*

1910 Traité de Perspective, par Ant. Bosse. *Paris,* 1665, *in-8. fig. G. P.*

1911 Maniere de Desargues pour la Perspective, par le même. *Paris,* 1648, *in-8.*

1912 P. Frisii de aberratione Lucis Opusculum. *In-8.*

1913 Traité de Perspective, par Bern. Lamy. *Paris,* 1701, *in-8.*

1914 Perspective curieuse, par le P. Niceron. *Paris,* 1637, *in-fol. fig.*

1915 Eadem, ab eodem lat. reddita, & aucta. *Parif.* 1646, *in-fol. fig. C. M.*

1916 If. Newton Perspectivæ universalis Elementa. *Lond.* 1746, *in-8.*

1917 Traité de Perspective à l'usage des Artistes, par Jeaurat. *Paris,* 1750, *in-4.*

1918 Essai sur la Perspective pratique, par Cl. Roy. *Paris,* 1756, *in-8.*

1919 Principes de Perspective linéaire, trad. de Taylor & de Murdoch. 1757, *in-8. fig.*

1920 Euclidis Optica & Catoptrica, per Jo. Penam. *Parisiis,* 1604, *in-4.*

1921 Alhazeni Optica, cùm comment. Fr. Risneri: Vitellionis Optica. *Basil.* 1572, *in-fol.*

1922 Jo. Bapt. Portæ de refractione Opticæ Libri. *Neapoli,* 1593, *in-4.*

1923 Ambrosii Rhodii Optica. *Witeb.* 1611, *in-12.*

1924 Fr. Aiguilonii Optica. *Antv.* 1613, *in-fol.*

1925 Gregorii Optica promota. *Londini,* 1663, *in-4.*

1926 Hon. Fabri Synopsis Optica. *Lugd.* 1667, *in-4.*

1927 Zach. Traber Nervus Opticus. *Viennæ*, 1675, *in-fol.*

1928 Optique, par P. Ango. *Par.* 1682, *in-12.*

1929 Traité d'Optique, par Newton. *Londres*, 1718, *in-8.* (*en angl.*)

1930 Idem, lat. ed. Sam. Clarke. *Lond.* 1706, *in-4.*

1931 Idem. *Lond.* 1719, *in-8.*

1932 Idem. *Lausannæ*, 1740, *in-4.*

1933 Le même, trad. par Coste. *Amst.* 1720, *in-12.*

1934 Le même. *Paris*, 1722, *in-4.*

1935 Isaaci Newton Lectiones Opticæ. *Londini*, 1729, *in-4.*

1936 Cours d'Optique, de Smith. *Cambridge*, 1738, 2 *vol, in-4. fig.* (*en angl.*)

1937 Le même, trad, par le P. Pezenas. *Avig.* 1767, 2 *vol. in-4. fig.*

1938 Essai d'Optique, par Bouguer. *Paris*, 1729, *in-12.*

1939 Traité d'Optique, par Bouguer. *Paris*, 1760, *in-4. fig.*

1940 Traité d'Optique méchanique, par Thomin. *Paris*, 1749, *in-8. fig.*

1941 Traité d'Optique, par M. de Courtivron. *Paris*, 1752, *in-4.*

1942 Leçons d'Optique, par de la Caille. *Par.* 1756, *in-8. fig.*

1943 Dav. Gregorii Catoptricæ & Dioptricæ Sphæricæ Elementa. *Oxonii*, 1695, *in-8.*

1944 Jo. Keppleri Dioptrica. *Aug. Vind.* 1611, *in-4.*

1945 Dioptrique oculaire, par le P. Chérubin d'Orléans. *Paris*, 1671, *in-fol. fig.*

1946 Effais de Dioptrique, par Hartfoeker. *Paris*, 1694, *in-4*.

1947 Le Febvre Dioptrica. *in-8. mf.*

1948 M. Ant. de Dominis de radiis vifus & lucis Tractatus. *Venetiis*, 1611, *in-4.*

1949 Ifm. Bullialdus de natura Lucis *Parifiis*, 1638, *in-8.*

1950 If. Voffius de Lucis naturâ & proprietate. *Amft.* 1662. === J. de Bruyn Judicium de Libro Voffii. *Ibid.* 1663. === Voffii Refponfio ad J. de Bruyn & P. Petitum. *Hagæ*, 1663. === Idem, de motu Marium & Ventorum. *Ibid.* 1664, *in-4.*

1951 And. Grandorgæi de naturâ Ignis, Lucis & Colorum Differtatio. *Cadomī*, 1664, *in 4.*

1952 Grimaldi Phifico Mathefis de Lumine, Coloribus & Iride. *Bonon.* 1665, *in-4.*

1953 La Lumiere, par de la Chambre. *Paris*, 1662, *in-4.*

1954 Traité de la Lumiere, par Huygens. *Leyde*, 1690, *in-4.*

1955 Nouv. Découverte fur la Lumiere, par le P. Fr. Marie. *Paris*, 1700, *in-12.*

1956 Syftême fur la Vifion, par Séb. le Clerc. *Paris*, 1712, *in-8.*

1957 Lettres de Gauger fur la réfrangibilité des rayons de la Lumiere. *Paris*, 1728, *in-12.*

1958 Jo. Rizzetti de Luminis affectibus fpecimen Phyfico-Mathem. *Tarvifii*, 1727, *in-8.*

1959 Propriétés de la route de la Lumiére, par Lambert. *La Haye*, 1758, *in-8.*

1960 De Coloribus Libellus, cum comment. Portii, gr. lat. *Florent.* 1548, *in-4.*

1961 Salom. Priezaci de Coloribus Differtatio *Parif.* 1657, *in-12.*

1962 Essais de la nature des Couleurs, par Mariotte. *Paris*, 1681, *in-12.*

1963 Lettres sur la nouvelle découverte de Mariotte touchant la vue. *In-4.*

1964 De la Lumiere, des Couleurs & de la Vision, par le Sage. *Geneve*, 1729, *in-12.*

1965 Lud. Lavaur Colores Newtoniani Carmen. *Biterris*, 1745, *in 8.*

1966 Optique des Couleurs, par Castel. *Paris*, 1740, *in-12. fig.*

1967 La Vision parfaite, par le P. Chérubin d'Orléans. *Paris*, 1677, *in-fol. fig.*

1968 Instruction sur l'usage des Lunettes, par Thomin. *Par.* 1746, *in-12.*

1969 P. Borellus de vero Telescopii inventore, cum Observat. Microscopicis. *Hagæ Comit.* 1655, *in-4.*

1970 Hier. Sirturi Telescopium. *Francof.* 1618, *in-4.*

1971 Construction d'un Télescope de réflexion, par Passemant. *Paris*, 1738, *in-4. fig.*

1972 Usage des Microscopes, par le même. *In-12.*

1973 Description d'un Microscope de poche, par J. Cuff. *In-8. fig.*

1974 Th. Balthasaris Micrometria. *Christian Erlangæ*, 1710, *in-12.*

1975 Observations Microscopiques, par Needham. *Paris*, 1750, *in-12.*

1976 Le Microscope à la portée de tout le monde, trad. de Baker. *Paris*, 1754, *in-8.*

1977 Jo. And. Segneri Tentamen de speculis Archimedis. *Jenæ*, 1732, *in-4.*

Méchanique, Statique, Hydraulique.

1978 Heronis Alex. Spiritalium Liber, ed. Commandino. *Parisiis*, 1583, *in-4.*

1979 Nicol. Zucchii nova de Machinis Philosophia. *Romæ*, 1649, *in-4.*

1980 Traité de Méchanique, par de la Hire. *Paris*, 1695, *in-12.*

1981 Projet d'une nouv. Méchanique, par Varignon. *Paris*, 1687, *in-4.*

1982 Nouv. Méchanique ou Statique, par Varignon. *Paris*, 1725, 2 *vol. in-4. fig.*

1983 Lettres de Peyssonel à Gronet sur la Physique méchanique. *Marseille*, 1705, *in-8.*

1984 Leonh. Euleri Mechanica analytice exposita Petrop. 1736, 2 *vol. in-4. fig.*

1985 Remarques sur la même, l'Optique de Smith, par Robins. *Lond.* 1739, *in-8.* (*en angl.*)

1986 Méchanique générale, par l'Abbé Deidier. *Paris*, 1741, *in-4. fig.*

1987 Leçons de Méchanique, par de la Caille. *Paris*, 1743, *in-8. fig.*

1988 Le Machine del Guido Ubaldo, trad. dal Pigafetta. *In Venetia*, 1581, *in-4.*

1989 Recueil de Machines, par Perrault. *Par.* 1700, *in-4. fig.*

1990 Description du cabinet de Grollier-de Serviere. *Lyon*, 1733, *in-4.*

1991 Fig. des Machines approuvées par l'Acad. des Sciences. 3 *vol. in-4. G. P.*

1992 Méchanisme du Flûteur automate, par Vaucanson. *Paris*, 1738, *in-4.*

1993 Lucæ Valerii de centro gravitatis solidorum Libri. *Romæ*, 1604, *in-4.*

1994 Pauli Guldini de centro gravitatis Libri. *Vienna*, 1635, *in fol.*

1995 Traité de Méchanique, par de Roberval. *Par.* 1636, *in-fol.*

1996 Jo. de Beaugrand de Vario pondere gravium Differt. *Parif.* 1636, 2 *vol. in-fol.*

1997 P. Gaffendi de proportione qua gravia decidentia accelerantur Epiftolæ. *Parif.* 1646, *in-4.*

1998 Expériences touchant le Vuide, par B. Pafcal. *Paris*, 1647, *in-12.*

1998 * Traité de l'équilibre des Liqueurs, par Pafcal. *Paris*, 1698, *in-12. fig.*

1999 Fr. Lini Tractatus de Corporum infeparabilitate. *Londini*, 1661, *in-8.*

2000 Campani Experimenta de caufa elevationis Aquæ & Mercurii, *Roma*, 1666, *in-8.*

2001 Alex. Marchetti de refiftentiâ folidorum. *Florentiæ*, 1669, *in 4.*

2002 Jo. Alph. Borelli de Motionibus naturalibus à gravitate pendentibus. *Regio Julio*, 1670, *in 4.*

2003 Id. de Vi percuffionis. *Bonon.* 1667, *in 4.*

2004 Effets de la force de la contiguité des corps, par Chérubin. *Paris*, 1679, *in 12.*

2005 Traité de l'Equilibre & des Liqueurs, par le P. Lamy. *Paris*, 1679, *in 12.*

2006 Traité de la Percuffion, ou du choc des corps, par Mariotte. *Paris*, 1684, *in 12.*

2007 Tinaffii Exegeres de momentis gravium. *Roma*, 1685, *in 8. fig.*

2008 Vitalis Jordani Fundamentum doctrinæ motûs gravium. *Roma*, 1688, *in fol.*

2009 Nouvelles Conjectures fur la pefanteur, par Varignon. *Paris*, 1690, *in 12.*

2010 Joh. Chrift. Sturmii Collegium experimentale. *Norimbergæ*, 1701, 2 *vol. in* 4.

2011 Hier. Saccherii Neo-Statica. *Mediolani*, 1708, *in* 4.

2012 Nouv. Loi des fluides, par Humfroy Ditton. *Lond.* 1714, *in* 8. (*en angl.*)

2012* Leçons de Phyfique fur l'Équilibre des liqueurs, par Côtes. *Paris*, 1742, *in* 8.

2013 Traité Phyfique fur la pefanteur des corps, par le P. Caftel. *Paris*, 1724, 2 *vol. in* 12.

2014 Gabr. Cramer Thefes Phyfico-Mathematicæ de gravitate. *Genevæ*, 1731, *in* 4.

2015 Stubner Demonftratio menfuræ virium motricium vivarum. 1734, *in* 4.

2016 Difcorfi intorno a mecanica & i movimenti locali, del Galileo. *In Leida*, 1738, *in* 4.

2017 Differtation fur la mefure des forces motrices des corps, par M. de Mairan. 1741, *in* 12.

2018 Principes fur le Mouvement & l'Equilibre, par Trabaud. *Paris*, 1741, *in* 4.

2019 Abregé du même. *Paris*, 1743, *in* 8.

2020 Jac. Jurin de confervatione virium vivarum. *Lond.* 1744, *in* 4.

2021 Explication des caufes de l'action dans la matiere, trad. de l'angl. par Caftel. *Paris*, 1751, *in* 12.

2022 Giam Bapt. Morgagni della Forza viva de corpi. *In Bologna*, 1752, *in* 4.

2023 Paulli Frifii de Gravitate corporum univerfali Libri. *Mediolani*, 1768, *in* 4.

2024 Théorie du choc des corps, par M. Girault de Koudou. *Paris*, 1770, *in* 8.

2025 Traité des Barometres, Thermometres, &c. par Dalancé. *Amfterd.* 1688, *in* 12.

2026 Traité du Barometre, par le P. la Broffe. *Nancy*, 1717, *in 12.*

2027 Differtation fur le Barometre, par Roubais de Tourcoin. *Leyde*, 1719, *in 12.*

2028 Théorie des Thermometres & des Barometres, par Gauger. *Paris*, 1722, *in 12.*

2029 Gerften Tentamina Syftematis novi ad mutationes Barometri. *Francof.* 1733, *in 8.*

2030 Traité des Thermometres, par de Réaumur, Chriftin, Micheli. *Paris*, 1741, 2 *vol. in 12.*

2031 Effais fur la conftruction des Thermometres; trad. de Martine, par Caftel. *Par.* 1751, *in 8.*

2032 Architecture Hydraulique, par Bélidor. *Paris*, 1737, 4 *vol. in 4. fig.*

2033 Della Mifura dell' Acque correnti, di Benedetto Caftelli. *In Bologna*, 1660, *in 4.*

2034 Le même, trad. *Caftres*, 1664, *in 4.*

2035 Elévation des Eaux par toute forte de machines, par Morland. *Par.* 1595, *in 4. fig.*

2036 Traité du mouvement des Eaux, par Mariotte. *Paris*, 1700, *in 12.*

2037 Jo. Poleni de motu Aquæ mixto Libri. *Patavii*, 1717, *in 4.*

2038 Jurin de menfurâ & motu Aquarum fluentium. *Lond.* 1742, 2 *vol. in 4.*

2039 Traité du mouvement des Eaux coulantes, par Varignon. *Paris*, 1725, *in 4.*

2040 Narducci la quantita del moto, o fia la forza de Acque correnti. *In Lucca*, 1733, *in 4.*

2041 Pieces fur le Canal de Picardie. 1732, *in 4.*

2042 Canal de Provence, fon utilité, fa poffibilité, par Floquet. *Paris*, 1750, *in 8.*

R

2043 Réponse au Prospectus du Canal de Bourgogne. *Paris*, 1764, *in* 8.

2045 Observat. sur un Canal depuis Mery sur l'Oise jusqu'à la Seine au-dessous de S. Denis. *in fol.*

2046 Mémoires de Deparcieux sur le projet d'amener l'eau de l'Yvette à Paris. *Paris, Impr. Roy.* 1763, *in* 4.

2047 Mém. qui contient les raisons pour la jonction du Rheno avec la riviere du Pò. *in* 4.

2048 Bertius de Aggeribus & Pontibus ad mare exstructis. *Parif.* 1629, *in* 8.

2049 Van Bleifwyk Specimen de Aggeribus. *Lugd. Bat.* 1745, *in* 4.

2050 Recherches sur la construction la plus avantageuse des Digues, par MM. Boffut & Viallet. *Paris*, 1764, *in* 4.

2051 Jo. Poleni de Castellis per quæ derivantur fluviorum aquæ. *Patavii*, 1718, *in* 4.

2052 Idée d'une machine Hydraulique, par Pelitot. *Lyon*, 1731, *in* 8.

2053 Jo. Frid. Weidleri Tractatus de machinis Hydraulicis. *Vitembergæ*, 1733, *in* 4.

2054 Traité des moyens de rendre les rivieres navigables. *Amst.* 1696, *in* 8. *fig.*

2055 Segnerus de Rotâ fub. aquis circumactâ Epistolæ. *Veronæ.* 1747, *in* 8.

2056 Statique des Végétaux, par Hales. *Lond.* 1727, *in* 8. (*en angl.*)

2057 La même, trad. par de Buffon. *Par.* 1735, *in* 4.

2058 La même, en italien. *Naples*, 1756, *in* 8.

Musique, Acoustique.

2059. Dict. de Musique, par Séb. Brossard. *Par.* 1703, *in fol.*

2060 Antiquæ Musicæ Auctores, gr. & lat. ed. cum notis Meibomio. *Leydæ, Elzevir.* 1652, 2 *vol. in* 4.

2061 Le Livre d'Euclide sur la Musique, trad. par P. Forcadel. *Paris,* 1566, *in* 8.

2862 Cl. Ptolemæi Harmonicorum Libri, gr. & lat. ed. Joh. Wallis. *Oxonii,* 1682, *in* 4.

2063 Jac. de Billy Tractatus de proportione Harmonicâ. *Parisiis,* 1658, *in* 4.

2064 Dialog. sur la Musique des Anciens, (par de Châteauneuf). *Paris,* 1725, *in* 12.

2065 Ottomari Luscinii Musurgia. *Argent.* 1536, *in* 4.

2066 Laurencini, &c. Thesaurus Harmonicus, ed. Besardo. *Colon.* 1603, *in fol.*

2067 Discorsi Musicali, da Cesare Crivellati. *In Viterbo,* 1624, *in* 8.

2068 Harmonie universelle du P. Mersenne. *Paris,* 1636, *in fol.*

2069 Ath. Kircheri Ars magna Consoni & Dissoni. *Romæ,* 1650, 2. tom. en un vol. *in fol.*

2970 Ejusd. Phonurgia nova. *Campidonæ,* 1673, *in fol.*

2871 Traité de l'Harmonie, par Rameau. *Paris,* 1722, *in* 4.

2072 Nouv. Système de Musique Théorique, par le même. *Paris,* 1726, *in* 4.

2073 Génération Harmonique, par le même. *Paris,* 1737, *in* 8.

2074 Observations sur notre instinct pour la Musique, par le même. *Paris,* 1754, *in* 8.

2075 Réflexions sur le Principe sonore, sur la Musique, par le même. *in* 8 *& in* 12.

2076 Leon. Euleri Tentamen novæ theoriæ Musicæ. *Petropoli*, 1739, *in* 4.

2077 Elémens de Musique, par M. d'Alembert. *Paris*, 1752, *in* 8.

2078 Erreurs sur la Musique dans l'Encyclopédie. *Paris*, 1755, *in* 12.

2079 La Musique, Poëme. *La Haye*, 1737, *in* 12.

2080 Art de bien chanter, par de Bacilly. *Paris*, 1679, *in* 12.

2081 Dissertat. sur les Méthodes d'accompagnement pour le Clavecin, par Rameau. *Paris*, 1732, *in* 4.

2082 Principes d'Acoustique, par Sauveur. 1702, *in* 4.

LES ARTS.

2083 Origine des Arts & des Sciences, par Noblot. *Paris*, 1740, *in* 12.

2084 De l'Origine des Loix, des Arts & des Sciences, par Goguet. *Paris*, 1758, *in* 4.

2085 Recherches sur l'origine des découvertes attribuées aux Modernes, par Dutens. *Paris*, 1766, 2 *vol. in*-8.

2086 Dict. rais. des Arts & Métiers. *Paris*, 1751 *& suiv.* 24 *vol. in fol. fig.*

2087 Préjugés légitimes contre l'Encyclopédie, par Chaumeix. *Paris*, 1758, 3 *vol. in*-12.

2088 Descriptions des Arts & Métiers, par MM. de l'Acad. des Sciences. *Paris*, 1761 *& suiv.* 5 *vol. in-fol.*

2089 Cours de Sciences, par Buffier. *Paris*, 1732, *in fol.*

2090 Recueil de Converſations de l'Acad. de l'Ab. Bourdelot, par le Gallois. *Paris,* 1672, *in-*12.

2091 Recueil des Mémoires & Conférences ſur les Arts & les Sciences, par Denis. *Amſt.* 1682, *in-*12.

2092 Secrets des Arts & Métiers. *Paris,* 1716, *in-*12.

2093 Amuſemens philoſophiques ſur les Sciences, par Bonav. Abat. *Marſeille,* 1763, *in*8.

2094 Mém. ſur différentes parties des Sciences & des Arts, par Guettard. *Paris,* 1768, *3 vol. in-*4.

2095 De l'utilité des voyages relativ. aux Sciences, par Gros de Beſplas. *Paris,* 1763, *in-*8.

Art de la Mémoire & de l'Ecriture.

2096 Jord. Brunus de umbris Idearum. *Pariſ.* 1582. === Ejuſdem, Ars Memoriæ. *In-*8.

2097 Hieron. Marafioti Ars Memoriæ. *Francof.* 1603, *in-*8.

2098 Traité de la Mémoire, par de Billy. *Par.* 1708, *in-*12.

2099 Paepp artificioſæ Memoriæ Fundamenta. *Lugd.* 1618, *in-*12.

2100 Polygraphie & Ecriture cabaliſtique, de J. Tritheme, trad. par de Collange. *Paris,* 1561, *in-*12.

2101 Jo. Bapt. Porta de occultis literarum notis. *Argent.* 1606, *in*8.

2102 Tachéographie, par Ch. Al. Ramſay. *Par.* 1681, *in-*4.

2103 Principes du déchiffrement de la Langue Françoiſe, par de Gevry. *Paris,* 1667, *in-*8.

2104 Chrift. Breithaupti Ars Decifratoria. *Helm-ftadii*, 1737, *in-8.*

2105 Dict. des Monogrammes; trad. de Chrift par Sellius. *Paris*, 1750, *in-8.*

Peinture.

2106 Dict. de Peinture & Sculpture, par Pernetty. *Paris*, 1757, *in-8.*

2107 Entretiens fur les Vies & les Ouvrages des Peintres & des Architectes, par Felibien. *Paris*, 1690, 3 *vol. in-4.*

2108 Abrégé de la Vie des Peintres, par de Piles. *Paris*, 1715, *in-12.*

2109 Vies des premiers Peintres du Roi, par l'Epicier. *Paris*, 1752, *in-12.*

2110 L'Art de Peinture, de C. Al. du Frefnoy. *Paris*, 1673, *in-12.*

2111 Cours de Peinture par principes, par de Piles. *Paris*, 1708, *in-12.*

2112 Traité de la Peinture, par Léonard de Vinci. *Paris*, 1716, *in-12.*

2113 Effai fur la Peinture, la Sculpture, &c. par de Bachaumont. 1751, *in 8.*

2114 Le même. 1752, *in-8.*

2115 L'Art de peindre, par Watelet. *Paris*, 1760, *in-4. fig. G. P.*

2116 L'Art de laver, ou nouv. maniere de peindre fur le papier, par Gautier. *Lyon*, 1687, *in-12.*

2117 Mémoire fur la Peinture à l'encauftique & à la cire, par de Caylus. (*Paris*), 1755, *in-8.*

2118 Hiftoire & Secret de la Peinture en cire, par M. Diderot. *In-12.*

2119 Differtat. fur les Ouvrages des plus fameux Peintres, par de Piles. *Paris*, 1681, *in-12.*

2120 Conférence de le Brun fur l'Expreffion. *Amft.* 1718, *in-12. fig.*

2121 Difcours fur la Peinture, par Coypel. *Paris*, 1732, *in-4.*

2122 Réflexions fur les différentes Ecoles de Peinture, par d'Argens. *Paris*, 1752, *in-12.*

2123 Defcription des Deffins des grands Maîtres, par Mariette. *Paris*, 1741, *in-8.*

2124 Réflexions fur l'état préfent de la Peinture en France, par de Lafon. *La Haye*, 1747, *in-12.*

2125 Traité de Miniature. *Par.* 1696, *in-12.*

2126 Tableaux tirés d'Homere & de Virgile, par de Caylus. *Paris*, 1757, *in-8.*

2127 Recueil de cent Eftampes des Nations du Levant. *Paris*, 1714, *in-fol. G. P.*

2128 Recueil d'Eftampes des tableaux du cabinet de Boyer d'Aiguilles. *Par.* 1744, *in-fol. G. P.*

2129 Catalogue des Tableaux du cabinet de Crozat. *Paris*, 1755, *in-8.*

2130 Catalogue du cabinet de M. de la Live. *Paris*, 1764, *in-4.*

Architecture Civile & Militaire.

2131 De la diverfité des termes d'Architecture, par Sambin. *Lyon*, 1572, *in-fol.*

2132 Grapaldi, Lexicon de partibus ædium. *Lugd.* 1535, *in-8.*

2133 Vitruvius de Architecturâ, cum comment. Barbari. *Venet.* 1567, *in-fol.*

2134 Le même, trad. par Perrault. *Par.* 1684, *in-fol. fig.*

2135 Poleni Exercitationes de vitâ scriptis & edit. Vitruvii. *Patavii*, 1739, *2 vol. in-fol.*

2136 Sommaire d'un cours d'Architecture, par Belidor. *Paris*, 1720, *in 12.*

2137 Principes d'Architecture, par Felibien. *Paris*, 1690, *in 4. fig.*

2138 Nouv. Inventions pour bien bâtir, par Philibert de l'Orme. *Paris*, 1561, *in fol. fig.*

2139 Architecture, du même. *Par.* 1567, *in fol.*

2140 Regles des Cinq Ordres d'Architecture, par de Vignolle. *Paris*, 1657, *in 12.*

2141 Les mêmes. *Paris*, 1665, *in 12.*

2142 Les mêmes. *Paris, in fol. fig.*

2143 Traité des cinq Ordres d'Architecture, trad. de Palladio, & augm. par le Muet. *Amst.* 1682, *in 4. fig.*

2144 Cours d'Architecture, par d'Aviler. *Par.* 1738, *in 4. fig. G. P.*

2145 Dict. d'Architecture, par le même. *Par.* 1755, *in 4. G. P.*

2146 Essai sur l'Architecture, par l'Abbé Laugier. *Paris*, 1753, *in 12.*

2147 Le même. *Paris*, 1755, *in 8.*

2148 Observations sur l'Architecture, par le même. (*Paris*), 1765, *in 12.*

2149 Remarques sur le même, par Gallimard. *Paris*, 1768, *in 8.*

2150 Lettre de Frezier sur l'Architecture des Eglises ancien. & nouv. *In 12.*

2151 Fragmens d'Archit. & Dessins des croisées du Louvre, par Blondel. *In fol. fig. G. P.*

2152 Hist. de la disposition & des formes différentes des Temples des Chrétiens, par le Roy. *In 12.*

2153 Lettre sur le projet d'une place pour la
Statue

Statue du Roi, par de Sainte-Palaye. 1748,
in 8.

2157 Piecès de MM. Patte, Soufflot & autres,
sur la coupole de Sainte Genevieve. *In 4. & in 8.*

2158 Plans & Descriptions de deux maisons de
campagne de Pline, par Félibien. *Paris,* 1699,
in 12.

2159 L'Art de Charpenterie, de Mathur. Jousse.
La Fleche, 1659, *in fol. fig.*

2160 La pratique du Trait à preuves, de Desargues. *Paris,* 1643, *in 4. fig.*

216, Théorie & pratique de la coupe des
pierres, par Fraizier. (*Paris*), 1737, *3 vol.
in 4. fig.*

2162 Traité des Ponts & des Chemins, par
Gautier. *Paris,* 1716, *2 vol. in 8.*

2163 Traité des Bois, par Caron. *Paris,* 1676,
2 vol. in 8 fig.

2164 Alb. Durerus de Urbibus, Arcibus, Cas-
tellisque condendis. *Parif.* 1535. === Ejusd.
Geometriæ Libri. *Parif.* 1535, *in fol. fig.*

2165 Jo. Bapt. Portæ de Munitione Libri. *Neap.*
1608, *in 4.*

2166 Fortifications d'Ant. de Ville. *Par.* 1666,
in 8. fig.

2167 Fortifications du Comte de Pagan, par
Hebert. *Paris,* 1689, *in 12.*

2168 Nouv. maniere de fortifier les Places,
tirée d'Ant. de Ville, de Pagan & de Vauban.
Paris, 1689, *in 8. fig.*

2169 Maniere de fortifier selon la méthode de
Vauban, par du Fay. *Paris,* 1707, *in 12.*

2170 Fortification pour un terrein bas & humide,
sec & élevé, par de Coehorn. *Amst.* 1711,
in 8.

2171 Elémens de Fortification, par le Blond. *Paris, 1742, in 12. fig.*

2172 Syftême fur la maniere de défendre les Places par les contremines, par Dazin. *Paris, 1731, in 12.*

Tactique, Artillerie, Gymnaftique, &c.

2173 Rob. Valturii de re Militari Libri. *Parif.* 1534. == Vegetius, Frontinus, Ælianus, de re Militari *Ibid.* 1535, *in fol.*

2174 Vegetius de re Militari, ed. Stewechio *Antv.* 1585, *in 4.*

2175 Principes de l'Art Militaire, par J. de Billon. *Lyon,* 1613, *in 8.*

2176 Difcours Militaires, par de Prefchac. *Par.* 1622, *in 8. fig.*

2177 Travaux de Mars, par Allain Maneffon Mallet. *Paris,* 1684, *3 vol. in 8. fig. G. P.*

2178 Image du grand Capitaine, par Alexandre de Pontaimery. *Paris,* 1594, *in 12.*

2179 Traité des Légions, ou Mémoires fur l'Infanterie. *Paris,* 1753, *in 12.*

2180 Art des Armées navales, par le P. Hofte. *Lyon,* 1697, *in fol. fig.*

2181 Pratique de la Guerre avec l'ufage de l'Artillerie, par Malthus. *Paris,* 1681, *in 8.*

2182 Théorie nouv. fur le méchanifme de l'Artillerie, par Dulacq. *Paris,* 1741, *in 4.*

2183 Mém. d'Artillerie, par Surirey de Saint-Remy. *La Haye,* 1741, *2 vol. in 4. fig.*

2184 Traité de l'Artillerie, de l'attaque & de la défenfe des Places, par le Blond. *Paris,* 1743, *3 vol. in 8. fig.*

2185 Compendio de Artilleria para el fervicio de Marina. 1754, *in 4.*

2186 Essai d'une théorie d'Artillerie, par d'Arcy. *Paris*, 1760, *in* 8.

2187 Art de jetter les Bombes, par Blondel. *Amst.* 1690, *in* 12. *fig.*

2188 Le Bombardier François, par Belidor. *Par. Imp. Roy.* 1731, *in* 4. *fig.*

2189 Application des forces centrales aux effets de la poudre à canon, par de Morogues. *Par.* 1737, *in* 8.

2190 Mémoires sur les charges & les portées des bouches à feu, au sujet des observat. de Belidor. *Par. Imp. Roy.* 1741, *in fol.*

2191 Ordonnances du Roi pour la fonte & l'épreuve des canons, du 7 Octobre 1732. *Paris*, *in fol. fig.*

2192 La Pyrotechnie de Vanuccio. *Par.* 1572, *in* 4.

2193 De la fonte des Mines, des Fonderies, &c. par Hellot. *Paris*, 1750, 2 *vol. in* 4. *fig.*

2194 Ant. Neri Ars Vitraria, cum comment. Merretti. *Amst.* 1686, *in* 12.

2195 Arts de l'Homme d'épée. *Paris*, 1682, 3 *vol. in* 12.

2196 L'Art en fait d'armes, par Labat. *Toulouse*, 1696, *in* 8.

2197 L'Art Vétérinaire, ou grande Maréchallerie, par Jean Masse. *Paris*, 1563, *in* 4.

2198 Traité de la maniere d'emboucher les chevaux, par de Fiaschi. *Paris*, 1578, *in* 4.

2199 Le Cavalerice Francois, par Salomon de la Broue. *Paris*, 1602, *in fol. fig.*

2200 Méthode pour dresser les chevaux, trad. de Neucastle, par de Solleysel. *Paris*, 1678, *in* 4. *fig.*

2201 Le Parfait Maréchal , par de Solleysel.
  Paris , 1718, *in* 4. *fig.*
2202 Autre , par Garsault. *Paris ,* 1741 , *in* 4.
2203 Le même *Paris ,* 1755 , *in* 4. *fig.*
2204 Traité des Voitures , par le même. *Paris ;*
  1756 , *in* 4. *fig.*
2205 Arrianus de Venatione , gr. lat. ed. Luc.
  Holstenio. *Parif.* 1644 , *in* 4.
2206 La Venerie , de Jacques Fouilloux. *Poit.*
  in 4. *fig.*
2207 La Fauconnerie , de Charles d'Arcuffia.
  Rouen , 1644 , *in* 4. *fig.*

Arts Méchaniques & Jeux.

2208 Pompes fans cuirs , par Darles de Liniere.
  Paris , 1768 , *in* 4.
2209 Académie de Jeux. *Paris ,* 1730 , *in* 12.
2210 Le Jeu du Trictrac. *Paris ,* 1715 , *in* 12.
2211 Le grand Trictrac, par Soumille. *Avignon ,*
  1739 , *in* 8.
2212 Jeu des Echecs, par du Peyrat. *Paris ,*
  1608 , *in* 8.
2213 Le Jeu des Echecs , trad. du calabrois.
  Paris , 1689 , *in* 12.
2214 Essai fur le Jeu des Echecs, par Stamma.
  Paris , 1737 , *in* 12.
2215 Analyse des Echecs, par Philidor. *Lond.*
  1749 , *in* 8.
2216 Théorie du Jeu de Dames. *Paris ,* 1727,
  in 8.

BELLES-LETTRES.

Grammaires & Dictionnaires.

2217 Recherches sur la diversité des Langues, par Brerewood. *Paris*, 1640, *in* 8.

2218 Essai sur une Introduction à l'étude des Langues, par de S. Paul. *Paris*, 1757, *in* 12.

2219 De la maniere d'apprendre les Langues, par de Radonvilliers. *Paris*, 1768, *in* 8.

2220 Isidori Hispalensis Ethimologiarum Opus. *Parisiis*, *in fol.*

2221 Leibnitii Collectanea Ethymologica. *Han.* 1717, *in* 8.

2222 Thrésor de l'Hist. des Langues de cet Univers, par Cl. Duret. 1613, *in* 4.

2223 Projet pour perfectionner l'ortographe des Langues de l'Europe, par de S. Pierre. *Paris*, 1730, *in* 8.

2224 Grammaire générale & raisonnée, par Arnauld. *Paris*, 1679, *in* 12.

2225 La même, revue par M. Duclos. *Paris*, 1754, *in* 12.

2226 Postelli Linguarum duodecim characteribus differentium Alphabetum. *Parif.* *in* 4.

2227 Paradisus de modo legendi Hebraicè. *Parisiis*, 1534, *in* 8.

2228 Buxtorfi Epitome Grammaticæ Hebreæ. *Basil.* 1613, *in* 8.

2229 Bellarmini Institutiones Hebraicæ. *Geneva*, 1616, *in* 8.

2230 Mayr Institutiones Hebraicæ. *Lugduni*, 1649, *in* 8.

2231 Fr. Junii Grammatica Hebrea. *Gen.* 1696, *in* 8.

2232 Sanctis Pagnini Epitome Thesauri Linguæ
Sanctæ. *Antv.* 1609 , *in* 8.

2233 Jo. Buxtorfi Lexicon Hebraicum. *Basileæ,*
1663 , *in* 8.

2234 J. Drusii Grammatica Chaldaica. *Frankeræ,*
1602 , *in* 8.

2235 Fr. Nicolai Lexicon Hebraicum , Chaldai-
cum , Syriacum. *Jenæ,* 1670 , *in* 4.

2236 The. Sigefridi Bayeri Museum Sinicum.
Petropoli , 1730 , *in* 8.

2237 Jo. Posselii Calligraphia Linguæ Græcæ.
Col. 1616 , *in* 8.

2238 Bezæ Alphabetum Græcum. *in* 8.

2239 Méthode Grecque de P. R. 1682 , *in* 8.

2240 Vigerus de præcipuis Græcæ dictionis.
Idiotismis. *Parisiis ,* 1644 , *in* 12.

2241 Racines Grecques. *Paris ,* 1682 , *in* 12.

2242 Jul. Pollucis Onomasticon Gr. *Basil.* 1536,
in 4.

2243 Hesychii Dictionarium, græc. *in fol.*

2244 Suidæ Lexicon, gr. *Basil.* 1544 , *in fol.*

2245 Idem , gr. lat. ed. Kustero. *Cantab.* 1705 ,
3 *vol. in fol.*

2246 Phavorini Lexicon , gr. *Basil.* 1538 , *in fol.*

2247 Camerarii Commentarii utriusque Linguæ.
Ibid. 1551 , *in fol.*

2248 Rob. Constantini Lexicon Gr. Lat. ed.
Æmylio Porto. *Geneva,* 1592 , 2 *vol. in fol.*

2249 Crispini Lexicon Gr. Lat. 1615 , *in* 4.

2250 Scapulæ Lexicon Gr. Lat. 1616 , *in* 4.

2251 Schrevilii Lexicon Gr. Lat. *Amstel.* 1682 ,
in 8.

2252 Idem. *Paris.* 1734 , *in* 8.

2353 Jo. Meursii Glossarium Græco-Barbarum.
Lugd. Bat. Elzev. 1614 , *in* 4.

2254 Du Cange Glossarium mediæ & infimæ Græcitatis. *Lugd.* 1688, 2 *tom. un vol. in fol.*

2255 M. Terentii Varronis Opera, cum notis Scaligeri. *Parif.* 1585, *in* 8.

2256 Nonius Marcellus & Fulg. Placiades de Proprietate fermonum. *Parif.* 1586, *in* 8.

2257 Auctores Linguæ Latinæ in unum redacti corpus, ed. Gothofredo. 595, *in* 4.

2158 Méthode Latine de P. R. 1667, *in* 8.

2259 Difcours fur la Traduction, par Vaniere. *Paris,* 1763, *in* 8.

2360 Martinii Lexicon Philologicum. *Bremæ,* 1623, *in fol.*

2861 Idem. *Francof.* 1655, *in fol.*

2262 Calepini Dictionarium. 1593, 2 *v. in fol.*

2263 Scot Apparatus Latinæ Locutiònis. 1627, *in* 4.

2264 Danetii Dict. Lat. Gall. *Parif.* 1691, *in* 4.

2265 P. Magniez Novitius. *Parif.* 1721, *in* 4.

2266 Dict. Lat. Gallicum. *Parif.* 1732, *in* 8.

2267 Vocabulaire de Chompré. *Paris,* 1754, *in* 8.

2268 Du Cange Glossarium ad Script. med. & infimæ Latinitatis. *Parifiis,* 1733, 6 *vol. in fol.*

2269 Remarques de Vaugelas, avec les notes de Patru & Corneille. *Par.* 1738, 3 *v. in* 12.

2270 Obfervations de l'Acad. Franç. fur les Remarques de Vaugelas. *Paris,* 1704, *in* 4.

2271 Obfervations de Ménage fur la Langue Françoife. *Paris,* 1672, *in* 12.

2272 Avantages de la Langue Françoife, par le Laboureur. *Paris,* 1669, *in* 12.

2273 Doutes fur la Langue Françoife, par Bouhours. *Paris,* 1674, *in* 12.

2274 Remarq. fur la Langue Françoife, par le même. *Paris,* 1690, 2 *vol. in* 12.

2275 Réflexions fur l'ufage de la Langue Françoife, par de Bois-Regard. *Paris,* 1692, 2 *vol. in* 12.

2276 Traité de la Grammaire Franç. par Regnier Defmarais. *Paris,* 1706, *in* 4.

2277 Le même. *Bruxelles,* 1706, *in* 12.

2278 Examen du même, par Dupont. *Paris,* 1713, *in* 12.

2279 Effais de Grammaire, par d'Angeau. *Par.* 1711, *in* 8.

2280 Opufcules fur la Langue Françoife. *Paris,* 1754, *in* 12.

2281 Agrémens du langage, par de Gamaches. *Paris,* 1718, *in* 12.

2282 Jufteffe de la Langue Françoife, par Girard. *Paris,* 1718, *in* 12.

2283 Synonymes françois, par le même. *Paris,* 1736, *in* 12.

2284 Principes de la Langue Françoife, par le même. *Paris,* 1747, 2 *vol. in* 12.

2285 Traité de l'Orthographe Françoife, par Roy. *Poitiers,* 1739, *in* 8.

2286 Grammaire Françoife, par Reftaut. *Paris,* 1755, *in* 12.

2287 Traité de la Profodie Françoife, par d'Olivet. *Paris,* 1736, *in* 12.

2288 Le même. 1753, *in* 12.

2289 Le même. *Paris,* 1767, *in* 12.

2289 * Remarques fur la Langue Françoife, par le même. *Paris,* 1767, *in* 12.

2290 Effais de Grammaire Françoife, par de Pontbriant. *Paris,* 1754, *in* 8.

2291

2291 Remarq. fur la Prononciation & fur l'Orthographe, par Hardouin *in* 12.

2292 Grammaire Franç. Philofoph. par d'Açarq. (*Paris*), 1760, 2 *vol. in* 12.

2293 Examen du préjugé fur l'inverfion, par M. le Batteux. 1767, *in* 8.

2294 Thréfor de la Langue Françoife anc. & mod. par Nicot. *Paris*, 1606, *in fol.*

2295 Origines de la Langue Françoife, par Ménage. *Paris*, 1650, *in* 4.

2296 Dict. Etymologique de la Langue Franç. par le même. *Paris*, 1694, *in fol.*

2297 Le même; nouv. édit. donnée par Jault. *Paris*, 1750, 2 *vol. in fol.*

2298 Dict. de Furetiere, donné par de Beauval. *La Haye*, 1702, 2 *vol. in fol.*

2299 Dict. de l'Acad. Françoife. *Paris*, 1694, 2 *vol. in fol.*

2300 Le même. *Paris*, 1718, 2 *vol. in fol.*

2301 Le même. *Paris*, 1740, 2 *vol. in fol.*

2302 Le même. *Paris*, 1762, 2 *vol. in fol.*

2303 Dict. de Richelet. *Geneve*, 1680, *in* 4.

2304 Le même. *Lyon*, 1759, 3 *vol. in fol.*

2305 Dict. des Synonymes François, par du Livois. *Paris*, 1767, *in* 8.

2306 Dict. de Trévoux. *Paris*, 1743. === Supplém. *Paris*, 1752, 7 *vol. in fol.*

2307 Dict. François & Latin, par Danet. *Lyon*, 1707, *in* 4.

2308 Dict. François & Italien, par Pierre Canal. *Paris*, 1603, *in* 8.

2309 Dict. Franç. Allemand, Latin, par Duez. *Leyde*, 1650, *in* 8.

2310 Dictionnaire Néologique, par Desfontaines. 1726, *in* 12.

T

2311 Dict. des Proverbes Franç. *Brux.* 1710, *in* 8.

2312 Dict. Languedocien-Franç. *Nîmes*, 1756, *in* 8.

2313 Méthode pour apprendre l'Italien. *Lyon*, 1672, *in* 12.

2314 Grammaire Italienne, par G. Graffi. *Par.* 1690, *in* 12.

2315 Dict. Italien de Veneroni. *Lyon*, 1703, *in* 4.

2316 Dict. Espagnol de Sobrino. *Bruxelles*, 1744, 2 *vol. in* 4.

2317 Grammaire Allemande & Françoise, par Duez. 1694, *in* 8.

2318 Dict. Flamand & François, par Vanden Ende. *Rott.* 1669, *in* 4.

2319 Grammaire Flamande, par la Grue. *Amst.* 1684, *in* 12.

2320 Gramm. Angloise, par Mauger. *La Haye*, 1713, *in* 12.

2321 Dict. Angl. par Miege. *La Haye*, 1703, *in* 8.

2322 Autre, par Boyer. *Amst.* 1727, 2 *vol. in* 4.

Rhéteurs, Orateurs & Poëtes.

2323 Rhétorique d'Aristote, trad. par Caffandre. *Paris*, 1675, *in* 12.

2324 Hermogenis Rhetorica, gr. 1530, *in* 4.

2325 Longinus de Sublimitate. 1612, *in* 8.

2326 Isocratis Opera, gr. 1587, *in* 8.

2327 Demosthenis Opera, gr. *Lut.* 1570, *in fol.*

2328 Harangues d'Eschine & de Démosthene fur la Couronne, trad. par Auger. *Rouen*, 1768, *in* 12.

2329 Philippiques de Démosthene ; trad. par Toureil. *Paris,* 1701 , *in* 4.

2330 Œuvres de Tourreil. *Paris,* 1722 , 2 *vol. in* 4.

2331 Conciones & Orationes ex edit. Henrici Stephani. 1570, *in fol. gr. lat.*

2332 M. Tullii Ciceronis Opera, ed. Gothofredo. *Geneva,* 1596 , *in* 4.

2333 Eadem , ed. Jos. Oliveto. *Parif.* 1740, 9 *vol. in* 4.

2334 Asconii Pediani Comment. in aliquot Ciceronis Orationes. *Lugd.* 1551 , *in* 8.

2335 Histoire raisonnée des Discours de Cicéron. *Par.* 1765 , *in* 12.

2336 Lettres de Cicéron à Atticus, trad. par Mongault. *Paris* , 1738 , 6 *vol. in* 12.

2337 Manutii Comment. in Epistolas ad Atticum. *Venetiis* , 1547, *in* 8.

2338 Entretiens de Cicéron sur la nature des Dieux. *Paris* , 1721 , 3 *vol. in* 12.

2339 Offices de Cicéron , trad. par Dubois. *Par.* 1748 , *in* 12.

2340 Cicéron de la Vieillesse & de l'Amitié, trad. par le même. *in* 12.

2341 Traité de la Consolation , trad. par Morabin. *Paris,* 1753 , *in* 12.

2342 Pensées de Cicéron ; par d'Olivet. *Paris,* 1744 , *in* 12.

2343 Quintiliani Institutiones. *Lugd.* 1575, *in* 8.

2344 Réflexions sur l'Eloquence. *Paris,* 1672 , *in* 12.

2345 Traité du Beau, par Crousaz. *Amst.* 1715, *in* 12.

2346 Essai sur le Beau, par le P. André. *Paris,* 1741 , *in* 12.

2347 Essai sur l'Eloquence de la Chaire, par Gros de Besplas. *Paris*, 1767, *in* 12.

2348 Oraisons Funebres de Bossuet. *Par.* 1731, *in* 12.

2349 Oraisons Funebres de Flechier. *Par.* 1716, *in* 12.

2350 Jul. Cæs. Scaligeri Poetica. 1581, *in* 8.

2351 Réflexions sur la Poésie & sur la Peinture, par Dubos. *Paris*, 1719, 2 *vol. in* 12.

2352 Les mêmes. *Paris*, 1755, 3 *vol. in* 12.

2353 Homeri Opera, gr. ed. Camerario. *Basileæ*, 1551, *in fol.*

2354 Eadem, gr. & lat. *Geneva*, 1580, 2 *vol. in* 16.

2355 Eadem, cum notis Dydimi, ed. Schrevelio. *Lugd. Bat. Elzcv.* 1656, 2 *vol. in* 4.

2356 Homere, trad. par de la Valletrye. *Paris*, 1699, 2 *vol. in* 12.

2357 Homere trad. par Mme Dacier. *Par.* 1749, 8 *vol. in* 12.

2358 L'Iliade d'Homere, trad. par Bitaubé. *Par.* 1764, 2 *vol. in* 8.

2359 Clavis Homerica. *Gouda*, 1649, *in* 8.

2360 Dissertation sur Homere, par Terrasson. *Paris*, 1715, 2 *vol. in* 12.

2361 Des causes de la corruption du goût, par Mme Dacier. *Paris*, *Imprim. Royale*, 1714, *in* 12.

2362 Homerici Centones ; Virgiliani Centones. *Henric. Steph.* 1578, *in* 16.

2363 Wolfg. Seberi Index vocabulorum Homeri. *Geneva*, 1604, *in* 4.

2364 Jonæ Rami Ulysses & Otinus unus & idem. *Hafnia*, 1712, *in* 12.

2365 Hesiodi Opera, gr. & lat. *Basil. in* 8.

2366 Eadem, gr. & lat. ed. Schrevelio. *Lugd. Bat.* 1650, *in* 8.

2367 Eadem, cum notis Var. ed. Jo. G. Grævio. *Amst.* 1667, *in* 8. *gr. & lat.*

2368 Æschili, Sophoclis, Euripidis Tragœdiæ selectæ, gr. & lat. 3 *vol. in* 16.

2369 L'Oreste d'Eschyle, trad. par M. du Theil. *Paris*, 1770, *in* 8.

2370 Pindari Opera, gr. cum Scholiis græcis. *Romæ, Caliergi*, 1515, *in* 4.

2371 Eadem, gr. lat. *Genevæ*, 1600, *in* 16.

2372 Fr. Porti comment. in Pindarum. 1583, *in* 4.

2373 Æmilii Porti Lexicon Pindaricum. *Hanov.* 1606, *in* 8.

2374 Aristophanis Comediæ, gr. *Basil.* 1547, *in fol.*

2375 Eædem, gr. & lat. *Ibid.* 1542, *in* 8.

2376 Le Plutus & les Nuées d'Aristophane, trad. par Mlle le Febvre. *Lyon*, 1696, *in* 12.

2377 Sophoclis Tragediæ, gr. cum Scholiis græcis, ed Henr. Steph. 1568, *in* 4.

2378 Les mêmes, trad. par M. Dupuy. *Paris*, 1762, 2 *vol. in* 12.

2379 L'Œdipe & l'Electre de Sophocle. *Paris*, 1692, *in* 12.

2380 Euripidis Tragædiæ, gr. cum Scholiis gr. *Basil.* 1537, *Venet.* 1534, 2 *vol. in* 8.

2381 Théâtre des Grecs, par Brumoy. *Paris*, 1749, 6 *vol. in* 12.

2382 Theocriti Opera gr. cum scholiis græcis. *Romæ Caliergi*, 1516, *in* 8.

2383 Idylles de Bion & de Moschus, trad. par de Longepierre. *Paris*, 1696, *in*-12.

2384 Callimachi Hymni gr. & lat. cum scholiis Henr. Steph. 1577, *in* 4.

2385 Lycophronis Alexandra, gr. & lat. ed. Cantero. *Geneva*, 1601, *in* 4.

2386 Sybillina Oracula, gr. & lat. ed. Opsopæo. *Paris*, 1599, *in* 8.

2387 Eadem, cum notis var. ed. Gallæo. *Amst.* 1689, *in* 4. *fig.*

2388 Anthologia Epigrammatum, græcè, cum notis Stephani. 1566, *in* 4.

2389 Eadem, gr. & lat. ed. Eilh. Lubino. *Geneva*, 1604, *in* 4.

2390 Georgica, Bucolica & Gnomica, gr. & lat. *Geneva*, 1570, *in* 16.

2391 Comicorum Græcorum sententiæ, gr. lat. ed. Henr. Stephano. *Parif.* 1569, *in* 16.

2392 Gradus ad Parnaffum. *Rothomagi*, 1712, *in* 8.

2393 Plauti Comædiæ. *Antv. Plantin*, 1588, *in* 16.

2394 Eædem, cum notis var. *Leyd.* 1664, *in* 8.

2395 Terentii Comædiæ, cum notis var. ed. Schrevelio. *Lugd. Bat.* 1651, *in* 8.

2396 Eædem, cum notis Farnabii. *Amstel.* 1651, *in* 12.

2397 Titi Lucretii Cari de rerum natura Libri, ed. Th. Creech. *Lond.* 1717, *in* 8.

2397 * Lucrece, trad. par de Marolles. *Paris*, 1659, *in* 8.

2398 Le même, trad. par M. de la Grange. *Paris*, 1768, 2 *vol. in* 8. *fig.* G. P.

2399 De Polignac Anti-Lucretius. *Paris*, 1747, 2 *vol. in* 8.

2400 Le même, trad. par de Bougainville. *Par.* 1749, 2 *vol. in* 8.

2401 Catulli, Tibulli, Propertii Opera, ed. Scaligero. *Parif.* 1577, *in* 12.

2402 P. Virgilii Maronis Opera, cum comment. Servii. *Parif.* 1600, *in-fol.*

2403 Eadem. *Francof.* 1683, 2 *vol. in-8.*

1404 P. Virgilii Maronis Opera ad ufum, ed. Ruæo. *Amft.* 1690, *in-4.*

2405 Les Géorgiques de Virgile, trad. en vers par Delille. *Paris,* 1770, *in-8.*

2406 Horatius, ed. Lambino. 1605, *in-4.*

2407 Idem, cum comm. Cruquii. 1611, *in-4.*

2408 Idem, cum notis Bond. *Amftelod.* 1635, *in-12.*

2409 Idem, cum notis var. *Lugd. Bat.* 1670, *in-8.*

2410 Idem. *Lond. Tonfon.* 1715, *in-12.*

2411 Le même, trad. par Sanadon. *Amft.* 1756, 2 *vol. in-12.*

2412 Trilleri Index in Horatium. *Franc.* 1600, *in-8.*

2413 P. Ovidii Opera. *Amftel.* 1624, *in-16.*

2414 Eadem, cum notis var. ed. Cnippingio. *Amftel.* 1683, 3 *vol. in-8.*

4415 Métamorphofes d'Ovide, trad. par Banier. *Paris,* 1757, 3 *vol. in-12.*

2416 Phædri Fabulæ. *Lugd. Bat.* 1598, *in-8.*

2417 L'Etna de Cornelius Severus, & les Sentences de Syrus. *Paris,* 1736, *in-12.*

2418 Senecæ Tragediæ, cum notis Farnabii. *Amftel.* 1632, *in-12.*

2419 Lucani Pharfalia, cum notis Farnabii. *Amftcl.* 1643, *in-12.*

2420 Statii Opera. *Lugd.* 1598, *in-12.*

4221 Martialis Epigrammata. *Parif.* 1611, *in-4.*

2422 Eædem, cum notis Fanabii. *Amftcl.* 1644, *in-12.*

2423 Eædem. *Lond. Tonfon.* 1716, *in-12.*

2424 Juvenalis & Perſii Satyræ. *Baſilea*, 1551, *in-fol.*

2425 Eædem. *Amſtel.* 1642, *in-*12.

2426 Satyres de Juvenal, trad. par M. du Sault. *Paris*, 1770, *in-*8.

2427 Prudentii Opera. *Venetiis Alldus*, 1501, *in-*4.

2428 Buchanani Poemata. *Amſtel.* 1641, *in-*16.

2429 Duretii Poeſis Anagrammatica. *Antverp.* 1651, *in-*8.

2430 Fracaſtorii Poemata. *Veronæ*, 1740, *in-*8.

2431 Fraguerii, Mopſus. *Pariſ.* 1721, *in-*8.

2432 Bapt. Mantuani Bucolica. 1536, *in-*4.

2433 Palingenii Zodiacus Vitæ. *Lugd.* 1606, *in-*16.

2434 Vanierii Prædium Ruſticum, *Pariſ.* 1707, *in-*12.

2435 Nicole Epigrammatum Delectus. *Pariſ.* 1659, *in-*12.

2436 Poemata Didaſcalica. *Par.* 1749, 3 *v. in-*12.

2437 Art de la Poeſie Françoiſe, par de la Croix. *Lyon*, 1694, *in-*12.

2438 Eſſai ſur la Poéſie Epique, par de Voltaire. *Paris*, 1728, *in-*12.

2439 Examen de la Poéſie, par Rémond de Saint-Mard. *Paris*, 1729, *in-*12.

2440 Eſſai ſur l'union de la Poéſie & de la Muſique. *Paris*, 1765 *in-*12.

2441 Poétique Françoiſe, par Marmontel. *Par.* 1763, 2 *vol. in-*8.

2442 Dict. des Rimes françoiſes. *Gencv.* 1624, *in-*8.

2443 Autre, par Richelet. *Paris*, 1692, *in-*8.

2444 Le Palais des Nobles Dames, par Jehan du Pré. *Paris*, *in-*4. *goth.*

2445 Les Œuvres de Fr. Villon. 1533, *in*-12.
2446 Œuvres de Clément Marot. *Lyon*, 1544, *in* 8.
2447 Les mêmes. *Rouen*, 1596, 2 vol. *in*-12.
2448 Œuvres de du Bellay. *Paris*, 1573, *in* 8.
2449 La Henriade, par Garnier. *Blois*, 1593, *in*-4.
2450 Œuvres de Remy Belleau. *Lyon*, 1592.
===== Bonnefonii Pancharis. 1593, *in*-12.
2451 Œuvres de Ronsard. *Paris*, 1567, 5 vol. *in*-4.
2452 Quatrains de Pybrac. *Paris*, *in*-8.
2453 Satyres de Regnier. *Elzev.* 1652, *in*-12.
2454 Œuvres de Passerat. *Paris*, 1606, *in* 8.
2455 Poésies de Malherbe. *Paris*, 1631, *in* 4.
2456 Les mêmes. *Paris*, 1767, *in* 8.
2457 Œuvres de Dalibray. *Paris*, 1653, *in*-8.
2458 Virgile travesti, par Scaron. *Par.* 1668, *in*-12.
2459 Vilebrequin de Maître Adam. *Par.* 1663, *in*-12.
2460 Œuvres de Cyrano de Bergerac. *Rouen*, *in*-12.
2461 Œuvres de Cottin. *Paris*, 1659, *in*-12.
2462 Œuvres de Montreuil. *Par.* 1680, *in*-12.
2463 Œuvres de la Fontaine. *Par.* 1696, 3 vol. *in*-12.
2464 Poésies Sainctonge. *Paris*, 1696, *in*-12.
2465 Œuvres de Benserade. *Par.* 1697, 2 vol. *in*-12.
2466 Œuvres de Boileau. *Paris*, 1694, 2 vol. *in*-12.
2467 Les mêmes, avec des notes. *Genev.* 1716, 2 vol. *in* 4. *fig.*
2468 Poésies de Deshoulieres. *Par.* 1688, *in*-8.

2469 Poësies de Fontenelle. *Par.* 1688, *in-12.*

2470 Fables de la Motte. *Paris,* 1719, *in-4.* fig. G. P.

2471 Iliade, du même. *Paris,* 1714, *in-8* fig.

2472 Odes, du même. *Paris,* 1709, *in-12.*

2473 Œuvres de Rousseau. *Chartres,* 1732, 2 vol. *in-12.*

2475 La Henriade, par de Voltaire. *Paris,* 1730, *in-8.*

2476 La même. *Paris,* 1733, *in-12.*

2477 Parallele de la Henriade & du Lutrin. 1746, *in-12.*

2478 La Religion, Poëme, par Racine. *Paris,* 1742, *in 8.*

2479 Poësies de Bernis. *Paris,* 1744, *in-8.*

2480 Fables nouvelles, par de Drieu. *Paris,* 1744, *in-12.*

2481 Fables de Pesselier. *Par.,* 1748, *in 8.*

2482 Fables, par M. l'Abbé Aubert *Par.* 1761, *in 12.*

2484 Mort d'Abel, par le même. *Paris,* 1765, *in 8.*

2485 Psyché, par le même. *Paris,* 1769, *in 12.*

2486 Parodies Bachiques. *Paris,* 1700, *in 12.*

2487 Clef des Chansonniers. *Paris,* 1717, 2 vol. *in 12.*

2488 Las Obros de Pierre Goudelin. *Toulouso,* 1678, *in 12.*

2489 Dante con l'esposition di Laudino & di Vellutello. *In Venetia,* 1564, *in fol.*

2490 Il medesimo. *Vinegia,* 1541, *in 8.*

2491 Orlando Furioso dele Ariosto. *In Lyon,* 1550, *in 4.*

2492 Il medesimo. *In Lyone,* 1566, *in 8.*

2493 Il medesimo. *In Venetia,* 1570, *in 4.*

2494 Le même, trad. par Mirabeau. (*Paris*), 1741, 4 *vol. in* 12.

2495 La Gierusalemme liberata, di Torquato Tasso. *In Roma*, 1646, *in* 12.

2496 La medesima. *Avign.* 1764, 2 *vol. in* 8.

2497 La même, trad. par Mirabeau. *Paris*, 1724, 2 *vol. in* 12.

2498 La même. *Paris*, 1735, 2 *vol. in* 12.

2499 La même. *Paris*, 1752, 2 *vol. in* 12.

2500 Opere del Tasso, racolte da M. A. Foppa. *In Roma*, 1666, *in* 4.

2501 Il Pastor fido, di Bat. Guarini. *Amestel.* 1663, *in* 12.

2502 Profe & Poésies de Conti. 1739, *in* 4.

2503 Il Trionfo Litterario della Francia. 1750, *in* 8.

2504 Essai sur l'Homme, par Pope, trad. par du Resnel. *Laus.* 1737, 2 *vol. in* 12.

2505 Poésies de Haller, trad. de l'allemand. (*Paris*), 1752, *in* 12.

2506 Les mêmes, trad. en italien. *Yverdon*, 1768, *in* 8.

2507 La Mort d'Abel, trad. de Gesner, par Huber. *Paris*, 1760, *in* 12.

2508 Fables de Lessing, trad. par d'Antelmy. *Paris*, 1764, *in* 12.

2509 Le Comédien, par Rémond de Sainte-Albine. *Paris*, 1747, *in* 8.

2510 Pratique du Théâtre, par d'Aubignac. *Amst.* 1715, 2 *vol. in* 12.

2511 Œuvres de Moliere. *Paris*, 1697, 8 *vol. in* 12.

2512 Œuvres de P. & T. Corneille. *Par.* 1725, 10 *vol. in* 12.

2513 Théâtre de P. Corneille, avec des commentaires par Voltaire. 1764, 12 *vol. in* 8. *fig.*

2514 Œuvres de Racine. 1702, 2 *vol. in* 12.

2515 Les mêmes. *Paris,* 1728, 2 *vol. in* 12.

2516 Tragédies de Campiſtron. *Paris,* 1715, *in* 12.

2517 Théâtre de la Motte. *Par.* 1730, 2 *v. in* 8.

2718 Œuvres de Crébillon. *Paris, Impr. Roy.* 1750, 2 *vol. in* 4. *G. P.*

2519 Pieces de Théâtre de Voltaire. *in* 8.

2520 Le Pere de Famille, par Ch. Goldoni. *Avignon,* 1758, *in* 8.

2521 Le Pere de Famille, par M. Diderot. 1758, *in* 8.

2522 Le Fils Naturel, par le même. 1757, *in* 8.

2523 Les Muſes Françoiſes, par Pyon. *Paris,* 1764, *in* 8.

2524 Réflexions de S. Mard, & Lettre de Mably ſur l'Opéra. *Paris,* 1741, *in* 12.

2525 Recueil des Opéra de Quinault. 2 *vol. in* 4.

Mythologie, Romans, Polygraphes.

2526 Natalis Comitis Mythologia. 1596, *in* 8.

2527 Hygini Fabulæ. *Pariſiis,* 1578, *in* 8.

2528 Pomey Pantheum Mythicum. 1683, *in* 12.

2529 Eſſais de Mythologie phyſique, par Duncan. *Paris,* 1690, *in* 12.

2530 La Mythologie & les Fables expliquées, par Bannier. *Paris,* 1738, 3 *vol. in* 4.

2531 Explication des Fables, par le même. *Par.* 1742, 3 *vol. in* 12.

2532 Th. Prodromi Rhodantes & Doſiclis amorum Libri, gr. & lat. *Pariſ.* 1625, *in* 8.

2533 Les hauts Faits d'Esplandian, par Mlle Lubert. *Paris*, 1751, *in* 8.

2534 Hift. de Primaléon de Grece. *Paris*, 1550, *in fol.*

2535 Hift. de Méluſine. *Lyon*, *in* 4.

2536 Proueſſes & Faits de Huon de Bordeaux. *Lyon*, 1586, *in* 4.

2537 Le Songe de Polyphile, trad. *Paris*, 1554, *in fol. fig.*

2538 El Cid, Ruy Diaz. *En Alcala*, 1605, *in* 4.

2539 Jo. Barclaii Argenis. *Pariſ.* 1621, *in* 8.

2540 Amour à la mode. *Paris*, 1699, *in* 12.

2541 Arifte, par de St. Briſſon. *Paris*, 1764, *in* 12.

2542 Avantures fecretes. *Paris*, 1696, *in* 12.

2543 Le Berger Extravagant. *Paris*, 1627, *in* 8.

2544 Le Diable Boiteux, de le Sage. *Par.* 1708, *in* 12.

2545 Hiftoire de Don Quichote. *Lyon*, 1681, 4 *vol. in* 12.

2546 Hiftoire de Cléante & Belife. *Amſt.* 1703, *in* 12.

2547 Nouv. Héloïfe, par J. J. Rouſſeau. *Amſt.* 1761, 6 *vol. in* 12. *fig.*

2548 Mahmoud le Gaſnevide. *Rott.* 1729, *in* 8.

2549 Mémoires du Marq. d'Argens. *La Haye*, 1745, 2 *vol. in* 12.

2550 Mémoires du Comte de Grammont, par Hamilton. *La Haye*, 1731, *in* 12.

2551 Le Payſan Parvenu, par de Marivaux. *Par.* 1734, *in* 12.

2552 Pygmalion, par Deslandes. *Lond.* 1744, *in* 12.

2553 La Princeſſe de Cleves, par Segrais. *Paris*, 1704, *in* 12.

2554 Histoire de Rasselas. (*Paris*), 1760, *in* 12.

2555 Relation du Monde de Mercure. *Geneve*, 1750, 2 *vol. in* 12.

2556 Roman comique de Scarron. *Paris*, 1669, 2 *vol. in* 12.

2557 Sethos, par Terrasson. *Paris*, 1731, 3 *vol. in* 12.

2558 Télémaque. *Paris*, 1699, 2 *vol. in* 12.

2559 Vie de Marianne, par de Marivaux. *Par.* 1731, 2 *vol. in* 12.

2560 Voyages de Cyrus, par de Ramsay. *Paris*, 1727, 2 *vol. in* 8.

2561 Histoire du Prince Titi. (*Paris*), 1736, 3 *vol. in* 12.

2562 Le Génie Ombre. 1746, *in* 12.

2563 Mirza & Fatmé. *La Haye*, 1754, *in* 12.

2564 La Compagnie de la Lésine. *Paris*, 1604, *in* 12.

2564* Le Monde fou préféré au Monde sage. *Londres*, 1744, *in* 12.

2565 Traité du Choix des études, par Fleury. *Paris*, 1724, *in* 12.

2566 Traité des Etudes, par Rollin. *Paris*, 1732, 4 *vol. in* 12.

2567 Essai sur le Goût, par Cartaud de la Vilate. *Paris*, 1736, *in* 12.

2568 Jani Gruteri Polyanthea. *Argentor.* 1624, 2 *vol. in fol.*

2569 Lycosthenis & Zuinggeri Theatrum vitæ humanæ. *Parif.* 1572, *in fol.*

2570 Clerici Ars Critica. *Amstel.* 1697, 3 *vol. in* 12.

2571 Réflexions sur les Regles de la Critique, par de Sainte-Marie. *Paris*, 1713, *in* 4.

2572 Réflexions sur la Critique, par de la Motte. *Paris,* 1716, *in* 8.

2573 Athenæi Deipnosophistarum Libri , cum notis Casauboni , gr. lat. *Lugd.* 1657 , 2 *vol. in fol.*

2574 Auli Gellii Noctes Atticæ, cum notis Var. ed. Oiselio. *Lugd. Bat.* 1666 , *in* 8.

2575 Censorinus de die Natali. *Lutetiæ,* 1583 , *in* 8.

2576 Macrobius, cum notis Var. *Lugd. Batav.* 1670, *in* 8.

2577 Alexandri ab Alexandro genialium dierum Libri. *Parif.* 1586 , *in* 8.

2578 Iidem, cum com. Tiraquelli. 1586 , *in fol.*

2579 Rhodigini Lectiones antiquæ. *Basil. in fol.*

2580 Ad. Turnebi Adversaria. 1604 , *in* 4.

2581 Paralleles des Anciens & des Modernes , par Perrault. *Paris,* 1692 , 4 *vol. in* 12.

2582 Chef-d'œuvre d'un Inconnu. 1714, *in* 12.

2583 Théorie des sentimens agréables , par de Pouilly. *Paris,* 1749 , *in* 12.

2584 Pétrone , trad. par Nodot. *Cologne,* 1694, 2 *vol. in* 8.

2585 Apologie pour Hérodote, par Henri Etienne. 1579, *in* 8.

2586 Œuvres de Rabelais. *Lyon,* 1558 , *in* 12.

2587 Della Dignita , delle Donne Dialog. di Bronzini. *In Firenze,* 1628, *in* 4.

2588 De l'Egalité des deux Sexes. *Paris,* 1673, *in* 12.

2489 Réflexions sur les Femmes , par Lambert. *Paris,* 1727 , *in* 12.

2590 Aresta Amorum, cum comm. Curtii, *Lugd.* 1546, *in* 8.

2591 Le Barbon, par Balzac. *Par.* 1648 , *in* 4.

2592 Menkenius de Charlataneriâ Eruditorum. *Amſtel.* 1716, *in* 12.

2593 Jo. Stobæi Sententiæ, gr. lat. *Gen.* 1609, *in fol.*

2594 Æliani variæ Hiſtoriæ. *Gen.* 1625, *in* 12.

2595 Apophthegmata Regum, Ducum, &c. gr. lat. *Pariſ. Henr. Steph.* 1568, *in* 12.

2596 Les mêmes, trad. par d'Ablancourt. *Par.* 1664, *in* 12.

2597 Eraſmi Adagiorum Chiliades, cum Henr. Steph. notis. *Pariſ.* 1579, *in fol.*

2598 Ejuſdem Apophthegmata. 1544, *in* 8.

2599 Bellengardi Sententiæ. 1587, *in fol.*

2600 Conr. Lycoſthenis Apophthegmata. *Lugd.* 1711, *in* 8.

2601 Penſées ingénieuſes, par Bouhours. *Lyon,* 1693, *in* 12.

2602 Scaligerana. *Hagæ Com.* 1666, *in* 8.

2603 Sorberiana. *Toloſæ,* 1694, *in* 12.

2604 Parrhaſiana, par le Clerc. *in* 12.

2605 Sevigniana. 1756, *in* 12.

2606 Longueruana. 1754, 2 *vol. in* 12.

2607 Erreurs de Voltaire, par Nonnotte. *Paris,* 1767, 2 *vol. in* 12.

2608 Eſſais de Littérature, par Trublet. *Paris,* 1735, *in* 12.

2609 Les mêmes. *Paris,* 1749, 2 *vol. in* 12.

2610 Les mêmes. *Paris,* 1754, 4 *vol. in* 12.

2611 Pieces Philoſophiques & Littéraires. *Par.* 1759, *in* 12.

2612 Eſprit du P. Caſtel. 1763, *in* 12.

2613 Eſprit de Fontenelle. 1744, *in* 12.

2614 Ori Apollinis Hieroglyphica, gr. & lat. *Pariſ.* 1551, *in* 12.

2615 Jo. Pierii Valeriani Hieroglyphica. *Lugd.* 1594, *in fol.*

2616

2616 Les mêmes , trad. par de Montlyard.
    Lyon , 1615 , *in fol.*

2617 Essai sur les Hyeroglyphes des Egyptiens ,
    trad de l'angl. de Warburton , par des Mal-
    peines. *Paris ,* 1744 , 2 *vol. in* 12. *fig.*

2618 Dissertation sur l'Ecriture Hyeroglyphique.
    Paris , 1762 , *in* 12,

2619 Philosophie des Images , par Cl. Fr. Me-
    nestrier. *Lyon ,* 1694 , *in* 12.

2620 Alciati Emblemata. *Parif.* 1602 , *in* 8.

2621 Iconologie de Ripa , trad. par Baudoin.
    Paris , 1681 , *in* 4.

2622 Luciani Opera , gr. & lat. ed. Joh. Bene-
    dicto. *Salmurii ,* 1619 , 2 *vol. in*-8.

2623 Les mêmes , trad. par d'Ablancourt. *Par.*
    1654 , 2 *vol. in* 4.

2624 Les mêmes. *Lyon ,* 1683 , 2 *vol. in* 12.

2625 Philostratorum Opera , gr. lat. ed. Fed.
    Morello. *Parif.* 1608 , *in fol.*

2626 Phlegontis Tralliani Opera , gr. lat. ed.
    Meurfio. *Lugd. Batav.* 1620 , *in* 4.

2627 Apuleii Opera , cum comment. Beroaldi.
    Bonon. 1500 , *in fol.*

2628 Jo. Jov. Pontani Opera. *Bafil.* 1556 , 4
    vol. in 8.

2629 Jo. Pici Mirandulæ Opera. *Ibid.* 1572 ,
    2 *vol. in fol.*

2630 Fr. Catanei Opera. *Ibid.* 1563 , *in fol.*

2631 Sc. Sammarthani Opera. *Par.* 1616 , *in* 8.

2632 Pafferatii Mifcellanea. 2 *vol. in* 8.

2933 Colomefii Opufcula. 1668 , *in* 12.

2634 Ejufdem Opera. *Hamburgi ,* 1709 , *in* 4.

2635 If. Voffii Obfervationes. *Lond.* 1685 , *in* 4.

2636 Werenfelfii Differtationes. *Amftel.* 1716 ,
    2 *vol. in* 12.

X

2637 Essais de Montagne. *Lyon*, 1593, 3 vol. *in-8.*

2638 Les mêmes. *Paris*, 1635, *in fol.*

2639 Les mêmes, avec les notes de Coste. *Par.* 1725, 3 vol. *in 4.*

2640 Œuvres de la Motte le Vayer. *Par.* 1654, 2 vol. *in fol.*

2641 Œuvres de Balzac. *Paris*, 1641, *in 4.*

2642 Entretiens de Voiture & Costar. *Paris*, 1655, *in 4.*

2643 Œuvres de Sarrazin. *Paris*, 1656, *in 4.*

2644 Œuvres de Méré. *Paris*, 1677, *in 12.*

2645 Pensées sur la Comete, par Bayle. *Rotterd.* 1704, 4 vol. *in 12.*

2646 Œuvres div. de Locke. *Rotterd.* 1710, *in 12.*

2647 Œuvres de Saint Evremont. *Paris*, 1711, 7 vol. *in 12.*

2648 Œuvres de Saint-Réal. *Utrecht*, 1693, 2 vol. *in 12.*

2649 Recueil d'Ecrits sur l'Amour & l'Amitié, par de Saint-Hyacinthe. *Paris*, 1736, *in 12.*

2650 Œuvres diverses de Gedoyn. *Par.* 1745, *in 12.*

2651 Œuvres de Fontenelle. *Paris*, 1742, 10 vol. *in 12.*

2652 Œuvres du P. André. *Paris*, 1766, 4 vol. *in 12.*

2653 Œuvres de J. J. Rousseau. 3 vol. *in-8.*

2654 Esprit du même. (*Paris*), 1764, *in-12.*

2655 Œuvres de Mme du Boccage. *Lyon*, 1764, 3 vol. *in-12.*

2656 Œuvres de M. Marin. *Par.* 1765, *in-8.*

2657 Mélanges d'Hist. & de Litt. par de Marville. *Paris*, 1713, 3 vol. *in-12.*

2658 Mêlanges de Litt. d'Hist. & de Philof. par
M. d'Alembert. (*Paris*), 1753, 2 *vol. in* 12.

2659 Mém. fur divers genres de Littérature &
d'Hiftoire. *Paris*, 1726, *in-12.*

2660 Mêlanges Littéraires, par Gaillard. (*Paris*),
1756, *in* 12.

2661 Variétés Littéraires, par Arnaud. *Paris*,
1768, 4 *vol. in* 12.

2662 Opere de Machiavelli. *In Bafilea*, 1550,
in 4.

2663 L'Homme de Lettres, trad. de Bartoli
par Delivoy. *Paris*, 1769, 3 *vol. in* 12.

2664 Leçons de P. Meffie. *Lyon*, 1580, *in-8.*

2665 Obras de Lorenzo Gracian. *En Barcelona*,
1669, 2 *vol. in* 4.

2666 Erafmi Colloquia, cum notis var. ed.
Schrevelio. *Lugd. Bat.* 1655, *in* 8.

2667 Cymbalum mundi, par des Perriers,
donné par Marchand. *Amft.* 1711, *in* 12.

2668 Dialogues d'Oratius Tubero, (la Mothe
le Vayer.) *Mons.* 1673, *in* 12.

2669 Hexameron ruftique, par le même. *Par.*
1670, *in* 12.

2670 Maniere de bien penfer, par Bouhours.
Paris, 1705, *in-12.*

2671 Entretiens d'Arifte & d'Eugene, par le
même. *Paris*, 1721, *in-12.*

2672 Sentimens de Cléante fur les mêmes, par
Barbier d'Aucourt. *Paris*, 1730, *in* 12.

2673 Entretiens fur les Sciences, par Lamy.
Lyon, 1684, *in-12.*

2674 Dialogues des Morts, par de Fontenelle.
Paris, 1711, 3 *vol. in-12.*

2675 Dialogues des Dieux, par Raymond. *Amft.*
1711, *in-12.*

2676 Dialogues des Morts, par Peſſélier. *Paris,* 1763, 2 *vol. in* 12.

2677 Hippocratis, Democriti, &c. Epiſtolæ gr. lat. ed. Lubino. *Baſil.* 1601, *in* 8.

2678 Ariſteneti Epiſtolæ, gr. lat. *Pariſ.* 1610, *in* 8.

2679 Budæi Epiſtolæ, gr. lat. *Pariſ.* 1574, *in* 8.

2680 Plinii Epiſtolæ. *Pariſ.* 1608, *in* 12.

2681 Les mêmes, trad. par Sacy. 1703, *in* 12.

2682 Puteani Epiſtolæ. *Lovanii,* 1612, *in* 4.

2683 Caſauboni Epiſtolæ. 1638, *in* 4.

2684 Salmaſii Epiſtolæ. *Leydæ,* 1656, *in* 4.

2685 Commercii Epiſtolici Leibnitiani Prodromus, recenſ. Gruber. *Hanov.* 1745, *in* 12.

2686 Leibnitii Epiſtolæ, cum annot. Kortholti. *Lipſiæ,* 1734, *in* 8.

2687 Lettres de Balzac. 1656, *in* 12.

2688 Lettres de la Chambre. *In* 12.

2689 Lettres de Bourſault. *In* 12.

2690 Lettres de Richelet. *Paris,* 1698, 2 *vol. in* 12.

2691 Lettres de Mad. de Sévigné. 2 *vol. in* 12.

2692 Lettres de Bayle, données par des Maizeaux. *Amſt.* 1729, 3 *vol. in* 12.

1693 Lettres de la Motte. *Paris,* 1754, *in* 12.

2694 Lettres Galantes. *La Haye,* 1721, *in* 12.

2695 Lettres ſur les Anglois & les François, par Muralt. 1725, *in* 8.

2696 Lettres Perſannes. 1721, *in* 12.

2697 Lettres ſur différens Etats, par le M. d'Argens. *La Haye,* 1744, *in* 12.

2698 Lettres Fanatiques. 1739, 2 *vol. in* 12.

2699 Lettres de le Blanc. 1745, 3 *vol. in* 12.

2700 Les mêmes. *Lyon,* 1758, 3 *vol. in* 12.

2701 Lettres de Milady Catesbi. 1769, *in* 12.

2702 Modeles de Lettres. *Lyon*, 1763, *in* 12.
2703 Delle Lettere di Pietro Bembo. *Vinegia*, 1552, *in* 12.

HISTOIRE.

Géographie, Histoire Universelle.

2704 Traité des Preuves de l'Histoire, par Griffet. *Liege*, 1769, *in* 12.
2705 Ptolomæi Geographia, ed. Moletio. *Venetiis*, 1562, *in* 4.
2706 Cl. Ptolomæi Theatrum Geographiæ, ed. Bertio, gr. lat. *Lugd. Bat.* 1618, *in fol.*
2707 Mercatoris Tabulæ Geographiæ Ptolomæi. *Colon.* 1578, *in fol.*
2708 Strabonis Geographia, gr. & lat. *Basileæ*, 1449, *in fol.*
2709 Eadem, gr. lat. ex ed. Casauboni. *Lut. Typ. Reg.* 1620, *in fol.*
2710 Stephanus de Urbibus, gr. lat. cum notis de Pinedo, ed. Gronovio. *Amst.* 1678, *in fol.*
2711 Holstenii Notæ in Stephanum Byzantinum. *Lugd. Bat.* 1684, *in fol.*
2712 Dionysii Alex. & Pomponii Melæ Orbis Descriptio, gr. lat. *Henr. Steph.* 1577, *in* 4.
2713 Pomponius Mela de situ Orbis, ed. Vossio cum notis. *Hagæ Com.* 1658, *in* 4.
2714 Geographiæ veteris Scriptores Græci minores, cum interpr. & notis Hudson & Ed. Wells. *Oxonii*, 1698, 4 *vol. in* 8.
2715 Geographia Nubiensis, ex Arab. in Lat. versa à Gabr. Sionita. *Parif.* 1619, *in* 4.

2716 Chrift. Cellarii Notitia Orbis antiqui. *Lipfia,* 1701, 2 *vol. in* 4.

2716 * Jo. Bapt. Riccioli Geographiæ & Hydrographiæ reformatæ Libri. *Bonon.* 1661, *in fol.*

2717 Iidem recogniti, & aucti. *Venet.* 1672, *in fol.*

2717 * Cofmographie, par Oronce Finé. 1551, *in fol.*

2718 Cofmographie de Thevet. *Paris,* 1575, 2 *vol. in fol.*

2719 Varenii Geographia, ed. Newton. *Cantab.* 1681, *in* 8.

2720 La même, trad. par Jurin. *Paris,* 1755, 4 *vol. in* 12.

2721 Introduction à la Géographie, par Samfon. *Paris,* 1743, *in* 12.

2722 Ph. Cluverii Introductio in Geographiam. *Amft.* 1661, *in* 4.

2723 Eadem. *Guelferbyti,* 1686, *in* 4.

2724 Géographie de Robbe. *Par.* 1689, 2 *vol. in* 12.

2725 Syftême de Cofmographie & de Phyfique, par de Brancas. *Paris,* 1747, *in* 4.

2726 Ephémerides Cofmographiques pour les années 1750 = 1754, par le même. 5 *vol. in* 12.

2727 Elémens de Géographie, par de Maupertuis. *Paris,* 1742, *in* 8.

2728 Elémens de Cofmographie, par Buy de Mornas. *Paris,* 1749, *in* 12.

2729 Abregé des différens Syftêmes du monde. *Paris,* 1745, *in* 12.

2730 Géographie facrée & hiftoriq. par Robert. *Paris,* 1747, 2 *vol. in* 12.

2731 Inſtitutions Géographiques, par Robert de Vaugondy. *Paris*, 1766, *in* 8. *fig.*

2732 Concorde de la Géographie des différens âges, par Pluche. *Paris*, 1764, *in* 12.

2733 G. Mercatoris Atlas. *in* 4. *oblong.*

2734 Recueil de Cartes, de Deliſle, Jaillot, d'Anville, &c.

2735 Atlas de Nolin, Deliſle, Jaillot & autres. 3 *vol. in fol.*

2735 * Atlas Portatif, par Robert. *Paris*, 1748, *in* 4. *obl.*

2736 Le Neptune François, ou Recueil de Cartes Marines. *In fol. G.P.*

2736 * Cartes d'Afrique & d'Amérique, par Samſon. *Paris*, 2 *vol. in* 4.

2737 Analyſe Géographique de l'Italie, par d'Anville. *Paris*, 1744, *in* 4.

2738 Analyſe de la Carte des Côtes de la Grece, par le même. *Paris*, 1757, *in* 4.

2739 Eclairciſſemens ſur la Carte de l'Inde, par le même. *Paris*, 1753, *in* 4.

2740 Recueil de Plans des Ports & Rades de la Méditerranée, par Michelot. *Paris, in* 4.

2741 Examen des Cartes de Deliſle, par Touret. *Paris*, 1728, *in* 8.

2742 Obſervations ſur différentes Cartes Géographiques, par Bellin. *In* 4.

2743 Catalogue des meilleures Cartes Géographiques. *Paris*, 1752, *in* 12.

2744 Ferrarii Lexicon Geographicum, ed. Baudrand. *Pariſiis*, 1670, *in fol.*

2745 Dict. Géographique, par Maty. *Utrecht*, 1712, *in* 4.

2746 Dict. Géographique de la Martiniere. *La Haye*, 1726, 10 *vol. in-fol.*

2747 Autre, par l'Advocat. *Paris*, 1755, *in*8.

2748 Le même. *Paris*, 1764, *in-8.*

2749 Tables Chronologiques, par Marcel. *Par.* 1682, *in-*8.

2750 Scaliger de Emendatione temporum. *Genev.* 1629, *in fol.*

2751 Dyon. Petavii Opus de Doctrina temporum. *Paris*, 1627, *in fol.*

2752 Ejuſdem Uranologion. *Pariſiis*, 1630, *in fol.*

2753 Eadem. *Antv.* 1703, *3 vol. in-fol.*

2754 Joh. Marsham Canon Chronicus. *Lond.* 1672, *in-fol.*

2755 Jo. Bapt. Riccioli Chronologia reformata. *Bonon.* 1669, *in-fol.*

2756 Dodwellus de veteribus Cyclis. *Oxonii*, 1701, *2 vol. in-4.*

2757 Chronologie, par Iſaac Newton, trad. de l'angl. par Granet. *Paris*, 1728, *in* 4.

2758 Défenſe de la Chronologie conrre le ſyſtême de Newton, par Freret. *Paris*, 1758, *in* 4.

2759 Voſſii Chronologia ſacra. *Hagæ Com.* 1659, *in* 4.

2760 Jo. Keppleri Eclogæ Chronicæ. *Francof.* 1615, *in* 4.

2761 Mich. Moeſttini Chronologicæ Theſes. *Tubingæ*, 1641, *in* 4.

2762 L'Antiquité des temps rétablie & défendue contre les Juifs, par Pezron. *Paris*, 1687, 2 *vol. in* 4.

2763 Beckii Ephemerides Perſarum, arab. & lat. *Aug. Vind.* 1696, *in-fol.*

2764 Velſchii Tabulæ æquinoctiales Perſarum & Turcarum anni. *Ibid.* 1676, *in* 4.

2765

2765 Hiftoire du Calendrier Romain, par F. Blondel. *Paris,* 1682, *in* 4.

2766 Fr. Blanchini Solutio Problematis Pafchalis. *Roma,* 1703, *in-fol.*

2767 Argyri Computus Græcorum de folemnitate Pafchalis. *Heidelb.* 1611, *in* 4.

2768 Clavii Calendarii Romani à Gregorio XIII reftituti Explicatio. *Roma,* 1603, *in-fol.*

2769 Melitonis Gregoriana Collectio illuftrata. *Colon.* 1743, *in* 4.

2770 Sethi Calvifii Opus Chronologicum. *Franc.* 1629, *in-4.*

2771 Eufebii Thefaurus temporum, ed. Scaligero. *Amftel.* 1658, *in-fol.*

2772 Ægidii Strauchii Breviarium Chronologicum. *Witteberga,* 1686, *in-12.*

2773 Collectio Rerum Publicarum. 45 *vol. in* 16.

2774 Juftini Hift. Libri, cum notis var. *Lugd.* 1670, *in* 12.

2775 Difcours fur l'Hiftoire univerfelle, par Boffuet. *Paris,* 1682, 2 *vol. in* 12.

2776 Effai fur l'Hiftoire générale, par de Voltaire. 1761, 8 *vol. in-8.*

2777 Petavii Rationarium temporum. *Parifiis,* 1673, *in-12.*

2778 Abrégé de l'Hift. univ. par de Voltaire. 1753, 3 *vol. in* 12.

2779 Annales politiques, par de Saint-Pierre. *Lond.* 1758, *in* 8.

2780 Anecdotes hiftoriques, par Raynal. (*Par.*) 1753, 2 *vol. in-*12.

2781 Les mêmes. (*Paris*), 1754, 3 *vol. in* 12.

2782 Hiftoire des Guerres, par le Chevalier

d'Arcq. *Paris, Imprim. Royale,* 1756, 2 *vol. in*-4.

2783 Camet brevis Chronologia. *Argent.* 1734, *in*-12.

2784 Art de vérifier les dates. *Paris,* 1750, *in* 4. G. P.

Histoire Eccléfiastique Grecque & Romáine.

2785 Ufferii Annales vet. & nov. Teftamenti. *Genèva,* 1722, *in fol.*

2786 Hift. Ecclefiafticæ Scriptores Græci. *Parif.* 1571, *in-fol.*

2787 Abrégé chronol. de l'Hift. Eccléf. par Macquer. *Paris,* 1751, 2 *vol. in*-8.

2788 Hift. de Piété & de Morale, par de Choify. *Paris,* 1735, 2 *vol. in*-12.

2789 Hift. du Papifme, par Jurieu. *Amft.* 1685, *in*-12.

2790 Inftitution des Ordres Religieux, par Fialetti. *Paris,* 1658, *in*-4. *fig.*

2791 Projet de l'Hiftoire des Ordres Militaires, par de Blegny. *Paris,* 1694, *in*-12.

2794 Les Moines empruntés, par P. Jofeph. *Cologne,* 1696, *in*-12.

2795 Boileau Hift. Flagellantium. *Parif.* 1700, *in*-12.

2796 Critique de l'Hift. du Calvinifme, de Maimbourg, par Bayle. *Amft.* 1714, 3 *vol. in*-12.

2797 Dict. des Héréfies, par M. l'Abbé Pluquet. *Paris,* 1762, 2 *vol. in* 8.

2798 Manuel des Inquifiteurs, par M. Morellet. *Paris,* 1762, *in*-12.

2799 Suidæ Historia Lat. *Basil.* 1564 , *in-fol.*

2800 Histoire ancienne, par Rollin. *Par.* 1730,
13 *vol. in-*12.

2801 Flavii Josephi Opera, gr. lat. *Geneva,*
1611 , *in-fol.*

2802 Eadem lat. *Basil.* 1559 , *in fol.*

2803 Eadem, gr. lat. ex recenf. Havercampi.
Amstel. 1726 , 2 *vol. in-fol.*

2804 Trad. de Joseph , par Gillet. *Par.* 1756,
4 *vol. in-*4.

2805 Cérémonies & Coutumes des Juifs , par
Simon. *Paris,* 1681 , *in-*12.

2806 Histoire du Monde facré & profane, par
Shuckford. *Paris,* 1752 , 3 *vol. in-*12.

2807 Paufaniæ græciæ Defcriptio , ed. Sylbur-
gio. *Francof.* 1583 , *in-fol.*

2808 La même, trad. par Gedoyn. *Par.* 1731 ,
2 *vol. in-*4.

2809 Laurenbergi Græcia Antiqua. *Amst.* 1660,
*in-*4.

2810 Dictys Cretenfis & Dares Phrygius de
Bello Trojano, cum not. var. *Amst.* 1702 ,
*in-*8.

2811 Herodoti Halic Hiftoria , ed. H. Stephan.
1592 , *in-fol.*

2812 Eadem , gr. lat. ed. Weffelingio. *Amstel.*
1763 , *in-fol.*

2813 Hérodote, trad. par du Ryer. *Par.* 1713 ,
3 *vol. in-*12.

2814 Recherches & Differt. fur Hérodote , par
Bouhier. *Dijon,* 1746 , *in-*4.

2815 Thucydidis de Bello Peloponefiaco Libri ,
gr. lat. ed. H. Stephano, 1564 , *in-fol.*

2816 Cyropédie de Xenophon , trad. par Charpentier. *La Haye,* 1717 ; *in-*8.

2817 Retraite des Dix-Mille, trad. du même, par le même. *Paris,, 1658, in-8.*

2818 Diodori Siculi Bibliothecæ Hiftoricæ Libri, gr. lat. ed. Rhodomanno. *Hanov. 1604, in-fol.*

2819 Iidem, ex recog. Petri Weffelingii, gr. lat. *Amft.* 1746, 2 *vol. in-fol.*

2820 Les mêmes, trad. par Terraffon. *Paris, 1737., 7 vol. in-12.*

2821 Hift. de Philippe, par Olivier. *Paris, 1740, 2 vol. in-12.*

2822 Obfervations fur les Grecs, par M. de Mably. (*Paris*), 1749, *in 12.*

2823 Ruines de la Grece, par le Roy. *Paris, 1758, in-fol.* G. P.

2824 Dionyfii Halic Opera, ftud. Frid. Sylburgii, gr. lat. *Francof.* 1586, *in-fol.*

2825 Titi Livii Hiftoriarum Libri. *Parif.* 1573, *in-fol.*

2826 Iidem. *Amftel.* 1633, *in-12.*

2827 Florus, ed. Freinshemio. *Argent.* 1636, *in-8.*

2828 Polybii Hiftor. Libri. *Bafil.* 1549, *infol.*

2829 Appiani Alex. Romanæ Hift. gr. lat. cum notis var. *Amftel.* 1670, 2 *vol. in-8.*

2830 Hiftoire de la Conjuration de Catilina, par Bellet. *Paris, 1752, in-12.*

2831 Hiftoire de Ciceron, par Prevoft. *Paris, 1743, 5 vol. in-12.*

2832 Hiftoire des quatre Ciceron. *Par.* 1714, *in-12.*

2833 Cæfaris Comm. cum notis var. *Amftel.* 1670, *in-8.*

2834 Le même, trad. *Par.* 1755, 2 *vol. in-12*

2835 Hift. Rom. de Coeffetau. *Par.* 1631, *in-f.*

2836 Hist. Rom. par Rollin & Crevier. *Paris*, 1738, 16 *vol. in* 12.

2837 Considérations sur les causes de la grandeur des Romains. *Amst.* 1734, *in*-12.

2838 Corn. Taciti Opera, ex recens. Lipsii. *Antv.* 1589, *in-fol.*

2839 Eadem. *Parif.* 1760, 3 *vol. in*-12.

2840 Annales de Tacite, trad. par de la Bletterie. *Paris, Imprimerie.-Roy.* 1768, 3 *vol. in*-12.

2841 Traduction de quelques morceaux de Tacite, par le même. *Paris,* 1755, 2 *vol. in* 12.

2842 C. Suetonius, cum notis var. *Lugd. Bat.* 1651, *in*-8.

2843 Le même, trad. par Baudoin. *Par.* 1688, *in*-12.

2844 Le même, trad. par de la Harpe. *Paris,* 1770, 2 *vol. in*-8.

2845 Il mismo, trad. por Jayme Bartholomé. *En Tarragona,* 1596, *in*-8.

2846 Dionis Cassii Hist. gr. lat. ed. Jo. Leunclavio. *Hanov.* 1606, *in-fol.*

2847 Jo. Xiphilini excerpta e Dione, cum notis Stephani, gr. lat. 1592, *in-fol.*

2848 Herodiani Historia, cum notis H. Stephani. *Lugd.* 1611, *in*-8.

2849 Le même, trad. par Mongault. *Paris,* 1700, *in*-12.

2850 Le même. *Paris,* 1745, *in*. 12.

2851 Ammiani Marcellini Historiæ, ed. Valesio. *Parif.* 1636, *in*-4.

2862 Historiæ Augustæ Scriptores, cum notis var. *Lugd. Bat.* 1661, *in*-8.

2863 Prælectiones Academicæ, in eosdem. *Oxonii,* 1692, *in*-8.

2864 Histoire des Empereurs Romains, par Crevier. *Paris,* 1749, 12 *vol. in-12.*

2865 Vie de Julien, par de la Bletterie. *Paris,* 1746, *in-12.*

2866 Hist. de Jovien, par le même. *Par.* 1749, 2 *vol. in-12.*

2867 Hist. de Théodose, par Flechier. *Paris,* 1734, *in-12.*

2768 Histoire des Révolutions de Constantinople, par de Burigny. *Paris,* 1750, 3 *vol. in-12.*

2869 Syncelli Chronographia, gr. lat. ed. Goar. *Parif. è Typ. Reg.* 1652, *in fol. C. M.*

2870 Codinus Curopalata de Officiis Aulæ Constantinopolitanæ, gr. lat. ed. Gretfero. *Parif.* 1625, *in fol.*

2871 L'Italie & l'Allemagne, par Duval. *Par.* 1668, *in* 12.

2872 Monumens de Rome, par Raguenet. *Amst.* 1701, *in-12.*

2873 Description de Saint-Pierre de Rome, par Servandoni. *Paris,* 1738, *in-12.*

2874 Memorie della grancupola del Tempio Vaticano. 1748, *in fol.*

2875 Mémoires fur Herculanum. 1750, 4 *vol. in-12.*

2876 Hist. de Florence, de Machiavel. *Paris,* 1577, *in-8.*

2877 Histoire de Venife, par Laugier. *Paris,* 1759, 12 *vol. in-12.*

Histoire de France.

2878 Bibliotheque des Historiens de France, par Duchefne. *Paris,* 1618, *in* 8.

2879 Mercatoris Galliæ Tabulæ Geographicæ. *Duysburgi , in fol.*

2880 Philippi Labbe Pharus Galliæ antiquæ. *Molinis , 1644, in 12.*

2881 Tables pour la Carte des Frontieres de France. *Paris , 1689 , in fol.*

2882 Eclairciss. sur la Gaule , par d'Anville. *Par. 1741 , in 12.*

2883 Dictionnaire de la France , par Saugrain. *Paris , 1726 , 3 vol. in fol.*

2884 Dénombrement du Royaume de France , par Doisy. *Paris , 1720, in 4.*

2885 Introd. à la Descript. de la France , par Piganiol de la Force. *Paris , 1752 , 2 vol. in 12.*

2886 Jo. Dan. Schoepflini Vindiciæ Celticæ. *Argent. 1754 , in 4.*

2887 Illustrations de Gaule , par Jean le Maire de Belges. *Paris , 1528., in fol.*

2888 Origine & Progrès de la Monarchie Françoise. *Lyon , 1561 , in 4.*

2889 Abregé de l'Histoire de France. *Par. 1597, in fol. fig.*

2890 Chroniques de France , par Nic. Gilles. *Paris , 1600., in fol.*

2891 Recherches de Pasquier. *in fol.*

2892 Abregé de l'Histoire de France , par de Mézeray. *(Paris) , 1755 , 4 vol. in 4.*

2893 Hist. de la Monarchie Franç. par Marcel. *Paris , 1686 , 4 vol. in 12.*

2894 Abregé de l'Histoire de France , par Daniel. *Paris , 1731 , 9 vol. in 12.*

2895 Abregé chronologique de l'Hist. de France, par Henault. *Paris , 1744 , in 8.*

2896 Le même. *Paris , 1749 , 2 vol. in 8.*

2897 Le même. *Paris , 1756 , 2 vol. in 8.*

2898 Obſerv. ſur l'Hiſt. de France , par de Mably. (*Paris*) , 1765 , 2 *vol. in* 12.

2899 Parallele des Romains & des François , par
le même. *Paris* , 1740 , 2 *vol. in* 12.

2900 Antiquités de la Nation Franç. par le Gendre. *Paris* , 1741 , *in* 4.

2901 Hiſt. de Saint Louis , par de Joinville. *Par.*
Impr. Roy. 1761 , *in fol.*

2902 Mém de Comines. *Paris* , 1556 , *in* 16.

2903 Hiſt. de Louis XI , par Duclos. *Par.* 1745 ,
4 *vol. in* 12.

2904 Hiſt. de Marie de Bourgogne , par Gaillard. *Paris* , 1757 , *in* 12.

2905 Hiſt. de François I , par Gaillard. *Paris* ,
1766 , 7 *vol. in* 12.

2906 Vie de l'Hôpital , par de Pouilly. (*Paris*) ,
1764 , *in* 12.

2907 Commentaires de l'Etat de France , par de
la Place. 1565 , *in* 8.

2908 Mém. de Vieilleville. 1757 , 5 *vol. in* 8.

2909 Vie du Duc de Guiſe. *Paris* , 1681 , *in* 12.

2910 Vie de Coligny. *Leyde* , 1643 , *in* 12.

2911 Hiſt. delle Guerre civili de Francia , di Davila. 1646 , *in fol.*

2912 Satyre Ménippée. *Paris* , 1593 , *in* 8.

2913 Diſcours ſur la vie & la mort de Henri IV ,
par Dupeyrrat. *Paris* , 1611 , *in* 8.

2914 Abregé de l'Hiſtoire de de Thou , par de
Sainte-Albine. *Paris* , 1759 , 10 *vol. in* 12.

2915 Œconomies Royales , par de Sully. *Amſt.*
in fol.

2916 Mém. de Sully , avec les notes de l'Abbé
de l'Ecluſe. *Paris* , 1745 , 3 *vol. in* 4.

2917 Pieces ſur le Teſtament du Cardinal de Ri-
chelieu. *in* 8.

2918

2918 Mém. de la Rochefoucault. *in* 12.

2919 Hist. de Turenne, par de Ramsay. *Paris,* 1735, 2 *vol. in* 4. *fig. G. P.*

2920 Mém. de la Fare. *Rott.* 1716, *in* 12.

2921 Prophéties de Noftradamus fur la Famille Royale de France. *in* 8.

2922 Pieces fur l'Homme au mafque de fer. *in* 12.

2923 Hift. de Louis XIV, par Larrey. *Amft.* 1718, 9 *vol. in* 12.

2924 Autre, par Reboulet. *Avign.* 1744, 3 *vol. in* 4.

2925 Siecle de Louis XV, par de Voltaire. 1752, 2 *vol. in-*12.

2926 Lettres & Mém. de Maintenon. *Amfterd.* 1756, 15 *tom.* 8 *vol. in* 12.

2927 Mémoires de Mad. de Staal. 1755, 2 *vol. in* 12.

2928 Mémoire de du Gué-Trouin. 1730, *in* 12.

2929 Panégyriques de Louis XV, par de Voltaire, en franç. en latin, &c. 1749, *in* 8.

2930 La Vérité révélée. (*Paris*), 1755, 3 *vol. in* 12.

2931 Obfervateur Hollandois. 1755, 4 *vol. in* 12.

2932 Mém. des Commiffaires fur les Poffeffions en Amérique. 4 *vol. in* 4.

2933 Teftament de Belle-Isle. 1761, *in* 12.

2934 Guide des Finances de France, par Hanequin. *Paris,* 1596, *in* 8.

2935 Idée des Finances & des Coutumes de France, par Peffelier. 1759, *in fol.*

2936 Richeffes de l'Etat, & Pieces. *in-*4. & *in* 8.

2937 Syftême d'impofition & de liquidation des dettes de l'Etat. 1763, *in* 12.

2938 Traité de la Police, par de la Mare. *Par.* 1722, 4 *vol. in fol.*

Z

2939 Etat de la France. 1699 , 3 *vol. in* 12.

2940 Le même. *Paris* , 1718, 3 *vol. in* 12.

2941 Le même. *Paris* , 1722, 5 *vol. in* 12.

2942 Differt. fur l'origine des Droits & Préro-gatives des Pairs. 1753 , *in* 12.

2943 Mém. fur l'Etabliff. des Fontaines dans Amiens , par Fery , 1749 , *in* 4.

2944 Differtation fur la Jonction de l'Angleterre à la France. 1753 , *in* 12.

2945 Précis des Fondations du Roi de Pologne. *Nancy* , 1758 , *in* 4.

2946 Plan de Paris , par Turgot. *in fol. G. P.*

2947 Defcription de Paris , par Germ. Brice. *Par.* 1698 , 2 *vol. in* 12. *fig.*

2948 La même. *Paris* , 1717 , 3 *vol. in* 12. *fig.*

2949 Autre , par Piganiol de la Force. *Paris.* 1742 , 8 *vol. in* 12. *fig.*

2950 Effais fur Paris , par de Saintfoix. *Paris* , 1766 , 5 *vol. in* 12.

2951 Voyage de Paris , par d'Argenville. *Paris* , 1752 , *in* 12.

2952 Voyage des environs de Paris , par le mê-me. *Paris* , 1755 , *in* 12.

2953 Mémoires fur le Louvre , par de Bachau-mont. 1749 , *in* 8.

2954 Etat des Baptêmes , Mariages & Morts de Paris depuis 1714==1769. 2 *vol. in fol.*

2955 Defcrip. de Verfailles , par Piganiol de la Force. *Paris* , 1717 , 2 *vol. in* 12.

2956 La même. *Paris* , 1751 , 2 *vol. in* 12.

2957 Projet d'une Hiftoire des Etats de Bre-tagne , par de Pontbriand. *Rennes* , 1754 , *in fol.*

2958 Recherches fur la Nobleffe de Perpignan & de Barcelonne , par Xaupi. *Paris* , 1763 , *in* 12.

2959 Hiſt de Languedoc, par D. Vaiſſette. *Par.* 1730, 5 *vol. in fol.*

2960 Mém. pour l'Hiſt. natur. de Languedoc, par Aſtruc. *Paris*, 1737, *in* 4.

2961 Mém. pour l'Hiſtoire de Languedoc, par de Baſville. 1734, *in* 8.

2962 Hiſtoire de la Gaule Narbonnoiſe, par de Mandejor. *Paris*, 1733, *in* 12.

Hiſtoire d'Allemagne, d'Eſpagne, &c.

2963 Eichovii Deliciarum Germaniæ Index. 1604, *in* 4.

2964 Tableau de l'Allemagne, par Schmaufs. *Paris*, 1755, *in*-12.

2965 Annales de l'Empire, par de Voltaire. *Baſle*, 1753, 2 *vol. in* 12.

2966 Hiſtoire de l'état de la Religion, par Jean Sleidan. *Strasbourg*, 1558, *in*-8.

2967 Hiſtoire de la Paix de Belgrade, par Laugier. *Paris*, 1768, 2 *vol. in* 12.

2968 Furſtenerius de Jure Suprematûs Principum Germaniæ. 1678, *in* 8.

2969 La République des Suiſſes, trad. de Simler. 1607, *in* 8.

2970 Repréſent. des Citoyens de Geneve. 1763, *in* 8.

2971 Cartes du Brabant & de la Hollande, par Dheulland. *in* 4.

2972 Introduction à la Révolution des Pays-Bas, par Lejan, 1754, *in* 12.

2973 Grotii Annales de Rebus Belgicis. *Amſtel.* 1658, *in* 12.

2974 Hiſtoire du Stadhouderat, par Raynal. *Par.* 1747, *in* 12.

2975 Hist. du Card. Ximenès, par Marsolier. *Paris*, 1739, 2 vol *in-*12.

2976 Histoire des Révolutions de Portugal, par de Vertot. *Paris*, 1689, *in-*12.

2977 Nouveau Théâtre de la Grande Bretagne. *Lond.* 1708, *in-fol. G. P.*

2978 Essai géographique sur les Isles-Britanniques, par Bellin. *Paris*, 1757, *in-*4.

2979 Polydori Vergelii Hist. Anglica. *Basilea*, 1557, *in-fol.*

2980 Eclaircissement sur l'Hist. de Marie d'Angleterre. *Paris*, 1766, *in-*12.

2981 Defensio Regia pro Carolo I. 1649, *in-*12.

2982 Patriote Anglois, par le Blanc. *Par.* 1756, *in-*12.

2983 Histoire du Parlement d'Angleterre, par Raynal. 1748, *in-*12.

2984 La même. (*Paris*), 1751, *in-*12.

2985 Adams Idex Villaris. *Lond.* 1680, *in-fol.* (*en angl.*)

2986 Olai Magni Hist. de Gentibus Septentrionalibus. *Roma*, 1555, *in fol.*

2987 Regnorum Sueciæ Gothiæ Descriptio. *Amstel.* 1656, *in-*12.

2988 Hist. des Révolutions de Suede, par de Vertot. *Paris*, 1751, 2 vol. *in-*12.

2989 Hist. de Charles XII, par de Voltaire. *Paris*, 1733, *in-*12.

2990 Actes de la Diete de Suede. (*Paris*), 1756, *in-*12.

2991 Introduction à l'Histoire de Dannemarck, par Mallet. *Copenhague*, 1755, *in-*4.

2992 Vie du Card. Commendon, par Flechier. *Paris*, 1734, 2 vol. *in-*12.

2993 Possevini Moscovia. *Anty.* 1587, *in-*8.

2994 Atlas Russicus. *Petrop.* 1745, *in-fol. G. P.*

2995 Description de la Russie, par Strahlenberg. *Paris*, 1757, 2 *vol. in-12.*

2996 Hist. de Russie, par de Voltaire. 1759, *in-8.*

2997 Description d'un Voyage à Saint-Petersbourg, par Deschiseaux. *Paris*, 1728, *in-8.*

2998 Voyage en Sibérie, par Gmelin. *Paris*, 1767, 2 *vol. in-12.*

2999 Voyage en Sibérie, par l'Abbé Chappe. *Paris*, 1768, 3 *vol. in-4. fig. G. P.*

3000 Bibliotheque Orientale, par d'Herbelot. *Paris*, 1697, *in-fol.*

3001 Histoire de Saladin, par M. Marin. *Par.* 1763, 2 *vol. in-12.*

3002 Chalcondila de rebus gestis Turcarum. *Basil.* 1556, *in-fol.*

3003 Hist. des Turcs, par Baudier. *Rouen*, 1641, *in-4.*

3004 Viaggi di Pietro della Vallé. *In Roma*, 1658, 4 *vol. in-4.*

3005 Parallele de l'Expédition d'Alexandre dans les Indes, avec celle de Thamas-Koulikan, par de Bougainville. 1752, *in-8.*

3006 Lacédémone anc. & nouv. par de la Guilletierre. *Paris*, 1676, 2 *vol. in-12.*

Histoire d'Asie, Afrique, Amérique.

3007 Hist. de la Navigation des Hollandois aux Indes Orientales. *Amst.* 1598, *in-fol. fig.*

3008 Mémoires & Observations géogr. & crit. sur la situation des Pays septentrionaux de l'Asie & de l'Amérique. *Lausanne*, 1765, *in-4. fig.*

3009 Mêlanges sur l'Asie, l'Afrique & l'Amé-mérique, par M. Rousseau de Sergis. *Paris,* 1763, 2 *vol. in-*12.

3010 Voyages de Franç. Pyrard de Laval. *Paris,* 1679, *in-*4.

3011 Mémoires pour de la Bourdonnais, Dupleix, Lally, &c. 1750 *& suiv.* 6 *vol. in-*4.

3012 Lettres édifiantes, écrites par les Missionnaires Jésuites. *Paris,* 1717 *& suiv.* 28 *vol. in-*12.

3013 Lettres sur le Livre du P. Norbert, par le P. Patouillet. 1745, *in-*12.

3014 Du Royaume de Siam, par de la Loubere. *Paris,* 1691, 2 *vol. in-*12. *fig.*

3015 Voyages de Siam, par le P. Tachard. *Par.* 1686, 2 *vol. in-*4. *fig.*

3016 Voyage de Siam, par de Choisy. *Paris,* 1687, *in-*12.

3017 Histoire de M. Constance, par Deslandes. (*Paris*), 1756, *in-*12.

3018 Histoire des Isles Mariannes, par le P. Gobien. *Paris,* 1700; *in-*12.

3019 Description de l'Isle Formose. *Amst.* 1712, *in-*12. *fig.*

3020 Routier des Côtes des Indes Orientales & de la Chine, par d'Apres de Mannevillete. *Paris,* 1745, *in-*4.

3021 Le même. *Paris,* 1745, *in-fol.*

3022 Mémoire dans lequel on prouve que les Chinois font une Colonie Egyptienne, par M. de Guignes. *Paris,* 1759, *in-*8.

3023 Idée du Gouvernement & de la Morale des Chinois. *Paris,* 1731, *in-*12.

3024 Histoire de la Chine, par Semedo. *Paris,* 1667, *in-*4.

3025 La Chine de Kircher, trad. par d'Alquié. *Amst.* 1670, *in-fol. fig.*

3026 Description géogr. & histor. de la Chine & de la Tartarie Chinoise, par le P. du Halde. *Paris*, 1735, 4 *vol. in-fol. fig.*

3027 Hist. de la Chine, par Greslon. *Paris*, 1671, *in-8.*

3028 Anciènne Relation des Indes & de la Chine, trad. de l'arabe, par Renaudot. *Paris*, 1718, *in-8.*

3029 Hist. génér. des Tatares, trad. par Benting. *Leyde*, 1726, 2 *vol. in-12.*

3030 Hist. de la Conquête de la Chine par les Tartares Mancheoux. *Lyon*, 1754, 2 *vol. in-12.*

3031 Martini Martinii Sinica Historia. *Amstel.* 1659, *in-12.*

3032 Lettres de M. de Mairan au P. Parennin sur la Chine. *Paris*, 1759, *in-12.*

3033 Les mêmes, nouv. édit. augm. *Par. Imp. Roy.* 1770, *in-8.*

3034 Les six Kims Chinois. *In-fol.*

3035 Tables des Sinus, Tangentes & Sécantes, & de Logarithmes. *Imprimées à la Chine.*

3036 Livres d'Architecture, de Perspectives & de Machines Chinoises. *Impr. & gravés à la Chine.*

On peut consulter sur ces trois Articles les Lettres de M. de Mairan au P. Parennin, édit. de 1759, & celle de 1770. (Remarques après la seconde Lettre.)

3037 Voyages du P. Avril en Asie & à la Chine. *Paris*, 1692, *in-4. fig.*

3038 Mémoires sur la Chine, par le Comte. *Paris*, 1701, 3 *vol. in-12. fig.*

3039 Anecdotes de la Chine. *Par.* 1733 , *in-12.*

3040 Description de Peking , par MM. Delisle & Pingré. *Paris ,* 1745 , *in-4.*

3041 Eloge de la ville de Moukden , trad. du chinois de l'Emp. Kien - Long , par Amyot. *Paris ,* 1770 , *in-8.*

3042 Architecture des Chinois , par Chambers. *Londres ,* 1757, *in-fol. G. P.* (*en angl.*)

3043 Voyage d'Evert Isbrand à la Chine. *Amst.* 1699 , *in-12.*

3044 Ambassade des Hollandois à la Chine , trad. de Nieuhoff par Charpentier. *Leyde ,* 1665 , *in fol. fig.*

3045 Mémoires sur l'Egypte anc. & mod. par d'Anville. *Paris ,* 1766 , *in-4.*

3046 Chronologie des Rois d'Egypte , par M. d'Origny. *Paris ,* 1765 , *2 vol. in-12.*

3047 Egypte ancienne , par le même. *Paris ,* 1762 , *2 vol. in-12.*

3048 Description de l'Egypte , par Maillet , donnée par le Mascrier. *Paris ,* 1735 , *in 4.*

3049 Idée du Gouvernement ancien & moderne de l'Egypte. *Paris ,* 1743 , *in-12.*

3050 Description des plaines d'Heliopolis & de Memphis , par Fourmont. *Par.* 1755 , *in-12.*

3051 Dessin des Statues Colossales de Thebes en Egypte , par Norden. 1741 , *in-4.* (*en angl.*)

3052 Relation historique de l'Abissinie , trad. de Lobo par le Grand. *Paris ,* 1728 , *in-4.*

3053 Mém. sur le Pays des Cafres , par Purry. *Amst.* 1718 , *in-12.*

3054 Relation de l'Isle de Madagascar , par de Flacourt. *Paris ,* 1661 , *in-4.*

3055 Novus Orbis regionum ac Insularum Veteribus incognitarum. *Basil.* 1555 , *in-fol.*

3056

3056 Essais sur les Atlantiques, par Baër. *Par.* 1762, *in-*8.

3057 Hist. de la Conquête du Mexique, trad. de Solis, par Citri de la Guerre. *Paris,* 1714, 2 *vol. in* 12. *fig.*

3058 Voyages de Lionnel Waffer. *Paris,* 1706, *in-*12.

3059 Hist. de la Conquête de la Floride. *Paris,* 1711, *in-*12.

3060 Hist. de la Conquête du Pérou, trad. d'Aug. de Zarate. *Paris,* 1716, 2 *vol. in-*12.

3061 Hist. d'un Voyage fait au Brésil, par Jean de Lerry. 1580, *in-*8.

3062 C. Barlæi Res in Brasiliâ gestæ sub Mauritio. *Clivis,* 1660, *in-*12.

3063 Voyage de l'Amérique mérid. par Dom G. Juan & D. Ant. de Ulloa. *Amst.* 1752, 2 *vol. in* 4. *fig.*

3064 Relation abrégée d'un Voyage fait dans l'intérieur de l'Amérique mérid. par de la Condamine. *Paris,* 1745. == Lettre sur l'Emeute populaire de Cuença. 1746, *in-*8.

3065 Journal d'un Voyage fait à l'Equateur, par M. de la Condamine. *Paris, Imp. Roy.* 1751, *in-*4.

3066 Supplément au même, & Remarques de Bouguer. *Paris,* 1752, 3 *vol. in-*4.

3066* Relation d'un Voyage aux côtes du Chily & du Pérou, par Frezier. *Paris,* 1716, *in-*4.

3067 Réponse à la critique du P. Feuillée. *Par.* 1727, *in-*4.

3068 Considérations sur les découvertes au nord de la mer du Sud, par Buache. *Paris,* 1753, *in-*4.

3069 Obſervations ſur les découvertes de Fuen-
res, par de Vaugondy. *Paris*, 1753, *in-12*.

3070 Lettres de Buache. *Paris*, 1754, *in-12*.

3071 Lettres ſur les Géants Patagons, par Coyer.
Paris, 1767, *in-12*.

3072 Relation & Eſſai ſur l'Hiſtoire nat. de la
France équinoxiale, par Barrere. *Paris*, 1743,
in-12.

3073 Voyages de la Hontan dans l'Amérique
ſeptentrionale. *Amſt. (Trev.)* 1728, *in-12*.

3074 Voyages dans l'Amérique ſeptentrionale,
par de Chabert. *Paris*, 1753, *in-4*.

3075 Voyages de la Louiſiane, par le P. Laval.
Paris, 1728, *in-4. fig.*

3076 Mémoire hiſtorique ſur la Louiſiane, par
Dumont. *Paris*, 1753, *in-12*.

3077 Mœurs des Sauvages Américains, par La-
fiteau. *Paris*, 1724, 2 *vol. in-4*.

3078 Voyages à la Martinique, par de Chan-
vallon. *Paris*, 1763, *in-4*.

3079 Hiſt. de Saint-Domingue, par de Charle-
voix. *Paris*, 1730, 2 *vol. in-4*.

3080 Journal d'un Voyage au Nord, par Ou-
thier. *Paris*, 1744, *in-4*.

3081 Torfæi Hiſtoria Vinlandiæ antiquæ. *Haun.*
1705, *in-12*.

3082 Jonæ rerum Iſlandicarum Libri. *Hamburgi*,
1610, *in-4*.

3083 Hiſtoire nat. de l'Iſlande, &c. trad. d'An-
derſon. *Paris*, 1750. 2 *vol. in-12*.

3084 Deſcription de l'Iſlande, trad. de Hörre-
bows. *Paris*, 1764, 2 *vol. in-12*.

3085 Torfæi Groenlandia antiqua. *Haun.* 1706,
in-8.

3086 Relation du Groenland, par de la Peyrere. *Paris,* 1647, *in-*8.

3087 Voyage de la Baye de Hudson. *Paris,* 1749, 2 *vol. in-*12. *fig.*

3088 Voyages & Découvertes des Ruſſes le long de la mer Glaciale, par Dumas. *Amſt.* 1766, *in-*8.

3089 Hiſt. des Navigations aux Terres Auſtrales, par de Broſſes. *Paris,* 1746, 2 *vol. in-*4.

3090 Hiſtoire de la Navigation. *Paris,* 1722, 2 *vol. in-*12.

3091 Hiſtoire univerſelle des Voyages, par de Bellegarde. (*Rouen*), 1708, *in-*12.

3092 Voyage d'Anſon autour du monde. *Amſt.* 1749, *in-*4.

3093 Supplément au même. *Lyon,* 1756, *in-*12.

3094 Voyages de Fernand Mendez Pinto, trad. par Figuier. *Paris,* 1645, *in-*4.

3095 Voyages de Monconys. *Lyon,* 1665, 3 *vol. in-*4.

3096 Voyages de Struys en Moſcovie, Tartarie & Perſe. *Amſt.* 1720, 3 *vol. in-*12.

3097 Voyage du Levant, par de Tournefort. *Lyon,* 1717, 3 *vol. in-*8.

3098 Recueil de Voyages au Nord, par Bernard. *Amſt.* 1715, 8 *vol. in-*12.

3099 Voyages de Schouten. *Rouen,* 1725, 2 *vol. in-*12. *fig.*

3100 Avantures de Jacques Sadeur. *Par.* 1692, *in-*12.

Hiſtoire Héraldique & Antiquités.

3101 Traité de la Nobleſſe. *Par.* 1700, *in-*12.

3102 Science Héroïque, de Wlſon de la Colombiere. *Paris,* 1669, *in-fol.*

3103 Mémoire sur l'ancienne Chevalerie, par M. de Sainte-Palaye. *Paris*, 1759, 2 *vol. in-12.*

3104 Le Combat de Mutio Justinopolitain. *Lyon*, 1561, *in-4.*

3105 Traité des Combats singuliers, par le P. Gerdil. *Turin*, 1760, *in-8.*

3106 Dialogo del imprese militari ed amorose. *In Lyone*, 1574, *in-4.*

3107 Méthode du Blason, par C. F. Menestrier. *Lyon*, 1654, *in-12.*

3108 Principes du Blason, par d'Angeau. *Par.* 1715, *in-4. fig.*

3109 Tabulæ Historico-Genealogicæ. *Augspurg. in-4. oblong.*

3110 Rosini Antiquitates Romanæ, ed. Schrevelio. *Amstel.* 1685, *in-4.*

3111 Vossius de Sibyllinis Oraculis. *Oxoniæ*, 1680, *in-8.*

3112 Van Dale de Oraculis Dissertationes. *Amst.* 1700, *in-4.*

3113 Histoire des Oracles, par de Fontenelle. *Paris*, 1698, *in-12.*

3114 Dissertazione del Giov. Poleni sopra al Tempio di Diana d'Efeso. *Patav.* 1742, *in-4.*

3115 Lipsii de Militiâ Romanâ Libri. *Antverp.* 1614, *in-4.*

3116 Funérailles des Romains, par Guischard. *Lyon*, 1581, *in-4.*

3117 Pontederæ Antiquitatum Latinarum Græcarumque Enarrationes. *Patavii*, 1740, *in-4.*

3118 Coutumes des Romains, trad. de Nieuport, par Desfontaines. *Par.* 1741, *in-12.*

3119 Discours de la Religion des Romains, par du Choul. *Lyon*, 1581, *in-4.*

3120 Differtation fur la Religion Grecque & Romaine, par l'Abbé Coyer. *Paris,* 1755, *in-12.*

3121 Sigonii de Antiq. Jure Populi Romani Libri. *Lutetiæ,* 1576, *in-fol.*

3122 Pancirolli Notitia dignitatum Imperi Romani. *Lugd.* 1608, *in-fol.*

3123 Feneftella de Sacerdoti e Magiftrati Romani. *Vineg.* 1544, *in-8.*

3124 Petri Apiani Infcriptiones antiquæ. *Ingolft.* 1534, *in-fol.*

3125 Scaligeri, Snelli, Hanfchii, &c. de re Nummariâ Differtationes. *Antverpiæ,* 1616, *in-8.*

3126 Promptuaire des Médailles. *Lyon,* 1553, *in-4.*

3127 Dialoghi di Ant. Agoftino fopra le Medaglie. *In Roma,* *in fol.*

3128 La Science des Médailles, par le P. Jobert. *Paris,* 1692, *in-12.*

3129 La même, augm. par de la Baftie. *Paris,* 1739, 2 *vol. in-12.*

3130 Æneæ Vici Auguftarum Imagines. *Parif.* 1619, *in-4.*

3131 Difcorfi de medefimo fopra le Medaglie. *In Vinegia,* 1555, *in-4.*

3132 Jo. Mariana de Ponderibus & Menfuris. *Francof.* 1611, *in-8.*

3133 Petri Ciaconii Opufcula de Ponderibus & Menfuris. *Romæ,* 1608, *in-8.*

3134 Maffarii de Ponderibus & Menfuris Libri. *Tiguri,* 1584, *in 8.*

3135 Budæus de Affe. *Bafil.* 1557, *in-fol.*

3136 Sommaire du Livre de Affe, par Budée. *Paris,* 1525, *in-8,*

3137 Obſervations ſur les Edifices des Anciens, par le Roy. (*Paris*), 1767, *in-8.*

3138 Le Pitture antiche del Sepolcro di Naſoni deſignate da Pietro Santi Bartoli. *In Roma*, 1680, *in-fol.*

3139 Frontini de Aquæductibus Romæ Comm. ed. Poleno. *Patavii*, 1722, *in-4.*

3140 Hiſt. des grands Chemins de l'Empire Romain, par Bergier. *Paris*, 1622, *in-4.*

3141 Traité des Meſures itinéraires, par d'Anville. *Paris*, 1769, *in-8.*

3142 Traité des Pierres gravées, par Mariette. *Paris*, 1750, 2 *vol. in-fol.*

Hiſtoire Littéraire.

3143 P. Carpentier Alphabetum Tironianum. *Lutetiæ*, 1747, *in-fol.*

3144 De Montfaucon Palæographia Græca. *Par.* 1708, *in-fol.*

3145 Hiſtoire des Conteſtations ſur la Diplomatique, par Raguet. *Paris*, 1708, *in-12.*

3146 Tableau des Révolutions de la Littérature, par Denina, 1767, *in-12.*

3147 De l'Origine & des Progrès de l'Imprimerie, par Fournier. *Paris*, 1759, *in-8.*

3148 Science pratique de l'Imprimerie, par Fertel. *Saint Omer*, 1723, *in-4.*

3149 Epreuves des Caractères de la Fonderie de Gando. 1760, *in-4.*

3150 Hiſt. de l'Académie Françoiſe, par Peliſſon. *Paris*, 1700, *in-12.*

3151 La même, augm. par d'Olivet. *Paris*, 1729, *in-4.*

3152 La même. *Paris*, 1730, 2 *vol. in-12.*

3153 Recueil des Pieces d'Eloquence & de Poéfie qui ont remporté les prix de l'Académie Françoife. *Paris,* 41 *vol. in-12.*

3154 Recueil des Harangues de l'Acad. Franç. *Paris,* 1735, 6 *vol. in-12.*

3155 Hift. de l'Académie des Infcriptions, par de Boze. *Paris,* 1740, 3 *vol. in-8.*

3156 Hift. & Mém. de l'Acad. des Infcriptions. *Paris, Imp. Roy.* 1717 *& fuiv.* 32 *vol. in* 4.

3157 Duhamel Hift. Reg. Scientiarum Acade-miæ. *Parif.* 1701, *in-4.*

5158 Hift. & Mémoire de l'Acad. des Sciences, depuis 1666 === 1698. *Paris,* 1734, 11 *tom.* 13 *vol. in-4.* === Suite, depuis 1699 === 1768. 70 *vol. in-4.*

3159 Table des Mém. de l'Académie des Scien-ces, jufqu'en 1760, 7 *vol. in-4.*

3160 Mémoires de Mathém. & de Phyf. pré-fentés à l'Académie. *Par.* 1750, 5 *vol. in* 4.

3161 Mém. de Mathém. & de Phyfique. *Paris,* 1692, 2 *vol. in-4.*

3162 Recueil des Machines approuvées par l'Académie. *Paris,* 1735, 6 *vol. in-4. G. P.*

3163 Figure de la Terre, fuite de 1718. === Géométrie de l'infini, fuite de 1727. === Aurore Boréale, fuite de 1731. === Méri-dienne de Paris. === Elémens d'Aftronomie, 2 *vol. in-4.* Suite de 1740, 6 *vol. in-4.*

3164 Pieces qui ont remporté les prix de l'Acad. 7 *vol. in-4.*

3165 Mém. lus à l'Acad. des Sciences, par M. Fontaine. *Paris,* 1764, *in-4.*

3166 Hift. de l'Acad. des Sciences. *La Haye,* 1760, *in-12.*

3167 Obfervations phyfiques & mathématiques

pour l'Hift. nat. & la perfection de l'Aftronomie, avec les notes du P. Gouye. *Par.* 1688, *in-8.*

3168 Divers Ouvrages de Mathématique & de Phyfique, par M. de l'Académie des Sciences. *Paris,* 1693, 2 *vol. in-fol.*

3169 Journal des Obfervations phyfiques, mathématiq. & botan. par Louis Feuillée. *Paris,* 1714, 3 *vol. in-4.*

3170 Obfervations mathém. aftron. géogr. chron. & phyfiq, tirées des Chinois, &c. par le P. Souciet. *Paris,* 1729, 3 *tom.* 2 *vol. in-4.*

3171 Eloges des Académiciens morts dans les années 1741 === 1743, par M. de Mairan. *Paris,* 1747, *in-12.*

3172 Mémoires de Mathémat. & de Phyfique, par Pezenas. *Avign.* 1757, *in-4.*

3173 Mém. de l'Acad. Roy. de Chirurgie. *Par.* 1743 *& fuiv.* 3 *vol. in-4.*

3174 Pieces qui ont remporté les prix de l'Acad. de Chirurgie. *Paris,* 1753, 2 *vol. in-4.*

3175 Hiftoire & Mémoires de la Société des Sciences de Montpellier. *Lyon,* 1766, *in-4. fig.*

3176 Lettres, Mém. & Pieces pour l'Hift. de l'Acad. de Beziers. 1736, *in-4.*

3177 Recueil d'Ouvrages lus à l'Académie de Beziers, par M. Bouillet. *In-4.*

3178 Pieces qui ont remporté les prix de l'Acad. des Sciences de Bordeaux. *In-4. & in-12.*

3179 Mifcellanea Acad. naturæ Curioforum anni 1670. *Lipfiæ,* 1670, *in-4.*

3180 Vill. Kellneri Index Ephemeridum Acad. naturæ Curioforum ab anno 1670 === 1722. *Norimb.* 1739, *in-4.*

3181

3181 Miscellanea Berolinensia. *Berolini,* 1710
===1743, 7 *vol. in-4.*

3182 Hist. & Mém. de l'Acad. de Berlin, depuis
1745===1765. 18 *vol. in-4.*

3183 Dissertation qui a remporté le prix de
l'Académie de Berlin, sur le système des
Monades, & les Pieces qui ont concouru.
Berlin, 1748, *in-4.*

3184 Acta Helvetica physico-mathematico-bota-
nico Medica. *Basil.* 1751, 2 *vol. in-4.*

3185 Histoire de la Société Roy. de Londres,
par Sprat. *Geneve,* 1669, *in-12.*

3186 Oldenburgii Acta Philos. Soc. Regiæ in
Anglia ann. 1665 === 1669. *Lipsiæ,* 1675,
in-4.

3187 Abrégé des Transactions philosophiques
jusqu'en 1700, par Lowthorp. *Lond.* 1722,
3 *vol. in-4.* (*en angl.*)

3188 Suite depuis 1700===1720, par Motte.
Lond. 1721, 2 *vol. in-4.* (*en angl.*)

3189 Transactions philosophiques depuis 1720
===1768. 30 *vol. in-4. fig.* (*en angl.*)

3190 Traduction des mêmes, par de Bremond
& Demours. *Paris,* 1739 *& suiv.* 8 *vol. in 4.*

3191 Essai & Observations de Médecine de la
Société d'Edimbourg, trad. de l'angl. par M. Dé-
mours. *Paris,* 1740, 8 *vol. in 12.*

3192 Acta Litteraria Sueciæ, ab anno 1720 ===
1724, & ab anno 1735===1738. *Upsaliæ,*
1720 *& suiv.* 2 *vol. in 4.*

3293 Acta Societ. Scientiar. Upsaliensis ab anno
1740===1750. *Stokolmia,* 1744, 2 *vol. in 4.*

3194 Commentarii Acad. Scientiarum Imperii
Petropolitanæ ab anno 1726=== 1764. *Petra-
poli,* 1728 *& seq.* 24 *vol. in 4.*

Bb

3195 Recueil de Pieces lues à l'Acad. de Pétersbourg, & qui ont remporté les prix. *Pétersb.*
3 *vol. in* 4.

3196 Mém. pour servir à l'Hist. & aux progrès
de l'Astron. de la Géogr. & de la Physique,
par Delisle. *Pétersb.* 1738, *in-*4.

3197 Roberti Miscellanea Ital. Physico Mathém.
Bonon. 1692, *in-*4.

3198 Hist. de l'Acad. de Boulogne, par de Li-
miers. *Amsterd.* 1723, *in-*8.

3199 De Bononiensi Scient. & Artium Instituto,
atque Acad. Comment. *Bonon.* 1731, 5 *vol.
in-*4.

3200 Miscellanea physico-mathem. Societ. Tau-
rinensis. *Taurini,* 1759, 2 *vol. in-*4.

3201 Collection Académiques. *Dijon,* 1755,
9 *vol. in-*4.

3202 Photii Bibliotheca gr. ed. Hoeschelio. *Aug.
Vind.* 1601, *in-fol.*

3203 Bibliotheque de Colomiés, donnée par la
Monnoye. *Paris,* 1731, *in-*12.

3204 Jugement des Savans, par Baillet. *Paris,*
1685, 10 *vol. in-*12.

3205 Vinc. Placcii Theatrum Anonymorum,
ed. Fabricio. *Hamburg.* 1708, *in fol.*

3206 Bibliotheque Françoise, par Goujet. *Par.*
1740, 18 *vol. in-*12.

3207 Bibliotheque Françoise, de Sorel. *Paris,*
1667, *in-*12.

3208 Hist. critique des Journaux, par Camusat.
Amst. 1734, *in-*12.

3209 Journal des Savans depuis 1665===1769.
93 *vol. in* 4.

3210 Table du Journal des Savans jusqu'en
1750, par Declaustre. *Paris,* 1753, 10 *vol.
in-*4.

3211 Cornelii a Beughem Gallia erudita. *Amst.* 1683, *in*-12.

3212 La France Littéraire. *Paris*, 1756, *in*-24.

3213 La même. *Paris*, 1758, *in*-24.

3214 La même. *Paris*, 1769, 2 *vol. in* 12.

3215 Nouvelles de la République des Lettres, par Bayle. *Amst.* 1684, 8 *vol. in* 12.

3216 Ouvrages des Savans, par Basnage. 15 *vol. in* 12.

3217 Biblioth. univers. par le Clerc. *Amst.* 1687, 25 *vol. in* 12.

3218 Biblioth. choisie, par le même. 14 *vol.*

3219 Biblioth. anc. & mod. par le même. *Amst.* 1714, 29 *vol. in* 12.

3220 Journal de Trévoux, depuis 1701═1762. *Paris*, 245 *vol. in* 12.

3221 Journal Littéraire, depuis 1713═1732. *La Haye*, 1715, 31 *vol. in* 12.

3222 Journal Historique. *Leyde*, 1732, 3 *vol. in*-12.

3223 Bibliotheque Angloise, par de la Roche. *Amst.* 1717, 15 *vol. in* 12.

3224 Mém. Littér. de la Grande Bretagne, par le même. *La Haye*, 1720. 8 *vol. in* 12.

3225 Biblioth. Britannique. *La Haye*, 1733, 19 *vol. in* 12.

3226 Critique des Journaux, par Brueys. *La Haye*, 1730, 3 *vol. in* 12.

3227 Observations sur les Ecrits modernes, par Desfontaines. *Paris*, 1736, 33 *vol. in* 12.

3228 Jugemens sur quelques Ouvrages nouveaux, par le même. *Paris*, 1744, 11 *vol. in*-12.

3229 Observations sur la Littérature moderne, par de la Porte. *Paris*, 1749, 8 *vol. in* 12.

3230 Lettres sur quelques Ecrits de ce temps, & Année Littéraire de 1754, par Fréron. 20 *vol. in* 12.

3431 Annales Typographiques. *Paris,* 1760, 10 *vol. in* 12.

3232 Gazette Littéraire, par Arnauld. *Paris,* 1764, 8 *vol. in* 8.

3233 Cl. Clementis Musæi extructio & usus. *Lugd.* 1635, *in* 4.

3234 Casyri Bibliotheca Arabico-Hispana Escurialensis. *Matriti,* 1760, *in fol. m. r.*

3235 Cat. Librorum Bachelier. *Par.* 1725, *in* 4.

3236 Cat. de de Boze. *Paris,* 1754, *in* 8.

3237 Cat. de Crozat de Tugny. *Par.* 1751, *in* 8.

3238 Catalogue de Falconet. *Paris,* 1765, 2 *vol. in* 8.

3239 Bibliotheca Fayana. *Paris.* 1725, *in* 8.

3240 Cat. d'Hermand. *Paris,* 1739, *in* 8.

3241 Cat. de Rambouillet. *Paris,* 1726, *in* 8.

3242 Cat. de Verrue. *Paris,* 1737, *in* 8.

3243 Plutarchi Opera, græcè. *Basilea,* 1542, 1560, 2 *vol. in fol.*

3244 Ejusdem Vitæ, gr. & lat. ex recens. Bryani. *Lond.* 1729, 5 *vol. in* 4.

3245 Les mêmes, trad. par Amyot. *Par. Vascosan,* *in fol.*

3246 Les mêmes, trad. par Dacier. *Par.* 1734, 9 *vol. in* 4.

3247 Les mêmes. *Paris,* 1762, 14 *vol. in* 12.

3248 Œuvres morales de Plutarque, trad. par Amyot. *Lyon,* 1594, 7 *vol. in* 8.

3249 Vies des anciens Orateurs Grecs, par M. de Brequigny. *Paris,* 1751, 2 *vol. in* 12.

3250 Comparaison des Grands Hommes, par Rapin. *Paris,* 1670, 4 *vol. in* 12.

3251 And. Fulvii Illustrium Imagines. *Romæ,* 1517, *in* 8.

3252 Illustrium Virorum, ut exstant in urbe, Vultus. *Romæ,* 1648 , *in fol.*

3253 Pourtraits des Hommes Illustres, trad. de Théod. de Beze. 1551 , *in* 8.

3254 Tomasini Elogia Virorum litteris Illustrium. *Patavi,* 1644, *in* 4.

3255 Mém. des Hommes Illustres, par Niceron. *Paris,* 1729, 44 *vol. in* 12.

3256 Philostratus de Vitâ Apollonii Tyanei. *in* 8.

3257 Notizie della Vita, Inventioni & Scritti de Archimede, del Mazuchetti. *In Bressia,* 1737, *in fol.*

3258 Vie de Bernoulli , par M. d'Alembert. 1748 , *in* 12.

3259 Vie de Bossuet, par de Burigny. (*Paris*), 1761 , *in* 12.

3260 Petri Castellani Vita ; ed. Baluzio. *Parif.* 1674 *in* 8.

3261 Vie de Descartes, par Baillet. *Par.* 1691, *in* 4.

3262 La même abregée. *Paris,* 1692 , *in* 12.

3263 Vie d'Erasme, par de Burigny. *Par.* 1757 , 2 *vol. in* 12.

3264 Mém. pour l'hist. de Fontenelle & de la Motte, par Trublet. *Amst.* 1760 , *in* 12.

3265 Eloge de Fontenelle , par le Cat. *in* 12.

3266 Vie de P. Gassendi, par Bougerel. *Paris,* 1737 , *in* 12.

3267 Lettre sur la même. *in* 12.

3268 Eloge hist. de Gonthier d'Andernach , par Prosp. Hérissant. *Paris,* 1765 , *in* 12.

3269 Vie de Nicole, par Goujet. *Paris,* 1732 , *in* 12.

3270 Vie de Grotius, par de Burigny. *Paris*, 1752, 2 *vol. in* 12.

3271 Vie de Moliere, par de Voltaire. *Paris*, 1759, *in* 12.

3272 De Peiresc Vita, per Gassendum. *Hagæ*, 1651, *in* 12.

3273 La même, par Requier. *Par.* 1770, *in* 12.

3274 Vie du Card. du Perron, par de Burigny. *Paris*, 1768, *in* 12.

3275 Vie de Vanini. *Rotterd.* 1717, *in* 12.

3276 Schrammii de vitâ Vanini Tractatus. *Cus-trini*, 1715, *in* 8.

3277 Dict. Hist. de Morery, don. par le Clerc. *Amst.* 1698, 4 *tom.* 2 *vol. in fol.*

3278 Le même, nouv. édit. augm. *Basle*, 1731, 6 *vol. in fol.*

3279 Dict. Hist. & Critique, par Bayle. (*Trev.*) 1734, 5 *vol. in fol.*

3280 Remarques sur le même, par Joly. *Dijon*, 1748, *in fol.*

APPROBATION.

Lu & approuvé. A Paris, le premier Juillet 1771.

P. Fr. Didot le jeune, *Adjoint*.

De l'Imprimerie de Didot. 1771.